Para

com votos de paz

/ /

COPYRIGHT © (2016)
CENTRO ESPÍRITA CAMINHO DA REDENÇÃO
Rua Jayme Vieira Lima, 104
Pau da Lima, Salvador, BA.
CEP 412350-000
SITE: https://mansaodocaminho.com.br
EDIÇÃO: 1. ed. (5ª reimpressão) – 2023
TIRAGEM: 1.000 exemplares (milheiro 25.800)
COORDENAÇÃO EDITORIAL
Lívia Maria C. Sousa

REVISÃO
Adriano Ferreira • Lívia Maria C. Sousa • Luciano Urpia
CAPA
Cláudio Urpia
EDITORAÇÃO ELETRÔNICA
Ailton Bosco
COEDIÇÃO E PUBLICAÇÃO
Instituto Beneficente Boa Nova

PRODUÇÃO GRÁFICA
LIVRARIA ESPÍRITA ALVORADA EDITORA – LEAL
E-mail: editora.leal@cecr.com.br

DISTRIBUIÇÃO
INSTITUTO BENEFICENTE BOA NOVA
Av. Porto Ferreira, 1031, Parque Iracema. CEP 15809-020
Catanduva-SP.
Contatos: (17) 3531-4444 | (17) 99777-7413 (WhatsApp)
E-mail: boanova@boanova.net
Vendas on-line: https://www.livrarialeal.com.br

Dados Internacionais de Catalogação na Publicação (CIP)
(Catalogação na fonte)
BIBLIOTECA JOANNA DE ÂNGELIS

F825	FRANCO, Divaldo Pereira. (1927)
	Seja feliz hoje. 1. ed. / Pelo Espírito Joanna de Ângelis [psicografado por] Divaldo Pereira Franco. Salvador: LEAL, 2023. 144 p.
	ISBN: 978-85-8266-154-3
	1. Espiritismo 2. Reflexões morais 3. Felicidade I. Divaldo Franco II. Título
	CDD: 133.93

Bibliotecária responsável: Maria Suely de Castro Martins – CRB-5/509

ASSOCIAÇÃO BRASILEIRA DE DIREITOS REPROGRÁFICOS

DIREITOS RESERVADOS: todos os direitos de reprodução, cópia, comunicação ao público e exploração econômica desta obra estão reservados, única e exclusivamente, para o Centro Espírita Caminho da Redenção. Proibida a sua reprodução parcial ou total, por qualquer meio, sem expressa autorização, nos termos da Lei 9.610/98.
Impresso no Brasil | Presita en Brazilo

SUMÁRIO

Seja feliz hoje   9

Exoração   13

1   Acontecimentos imprevistos   15

2   A amizade   19

3   A vivência saudável   23

4   Mudanças   27

5   A força do agora   31

6   Exaltação da alegria   35

7   Inalterada preponderância do bem   39

8   O modo de ser feliz   43

9   Proposta da vida   47

10   Júbilos e êxitos   51

11   Pensamentos e enfermidades   55

12   Ponte de luz   61

13	Conflitos	65
14	Segurança em Deus	69
15	Libertação	73
16	Saudade de Jesus	77
17	Descalabros morais	81
18	Irmãos invisíveis	85
19	Persevera tu	89
20	O tesouro da oração	93
21	Inquietações	97
22	Reflexões sobre a humildade	101
23	Vida em abundância	105
24	Vida inextinguível	109
25	Noite inigualável	113
26	Sorrisos e angústias	117
27	Caminhos	121
28	Jesus e as mulheres	125
29	Enfermidades saneadoras	131
30	Presença de Jesus	135

SEJA FELIZ HOJE

Para onde se volte o ser humano, sempre defrontará desafios que fazem parte do processo evolutivo.
A luta é, portanto, o clima de segurança para o encontro com a plenitude.

Dias há, porém, que se fazem mais difíceis de serem enfrentados do que outros. Tem-se a impressão de que todas as questões perturbadoras juntaram-se para impedir que se repouse do cansaço ou que se experimente harmonia.

Quando menos se espera, surgem problemas não imaginados, criando situações embaraçosas e perturbadoras. Por mais que haja empenho para a sua solução, mais complicados se apresentam, dando lugar ao desânimo ou à revolta, a depender do estado emocional de cada um. Nessas ocasiões, quase sempre o desespero se *assenhoreia*[1] das energias e o *destrambelho* psicológico toma conta da conduta.

Noutras circunstâncias, experimenta-se um estado de solidão que *aturde*, como se todos os amigos estivessem distanciados ou se houvessem sofrido estranha transformação que assusta.

---

1. O glossário desta obra adota como referências principais os dicionários Houaiss, Aulete Caldas, Aurélio, além do dicionário de termos específicos "Espiritismo de A a Z" da FEB (nota da Editora).

ASSENHOREAR
Tornar-se senhor; apossar-se, apoderar-se.

DESTRAMBELHO
(M.q.) Destrambelhamento; ato ou efeito de escangalhar(-se); desarranjo, desconcerto, desordem.

ATURDIR
Perturbar a mente ou os sentidos, dificultar o raciocínio [de] (alguém ou de si próprio); atordoar(-se), estontear(-se), tontear(-se).

DIVALDO FRANCO • JOANNA DE ÂNGELIS

OSCILAR
Mudar de estado;
sofrer variação.

Há ocasiões em que a segurança econômica oscila, a afetividade escasseia e tem-se a impressão de total indiferença dos Céus às necessidades urgentes da Terra.

Todos esses e outros mais são fenômenos naturais do educandário terrestre, convidando ao desenvolvimento das faculdades intelecto-morais, construindo o autoaprimoramento.

Quando fores visitado por qualquer uma dessas ocorrências inevitáveis, não te deixes surpreender, nem te permitas ser arrastado pelo desânimo ou pela perda da fé, porquanto será percorrendo

DISPOR
Ser possuidor de
(algo); fazer uso,
apossar-se.

os seus caminhos, que disporás de resistências e lucidez para as equacionar uma a uma.

EQUACIONAR
Pôr em equação,
orientar e conduzir a solução.

Invariavelmente as pessoas pensam que a crença religiosa deve ser utilizada como um recurso milagroso para a solução das dificuldades iluminativas da existência física. Trata-se de um equívoco, porquanto a sua é a função equilibradora diante das questões que perturbam a mente e abalam os sentimentos. A fé, neste caso, é uma âncora de segurança do navio existencial, mantendo-o no porto seguro.

Indispensável que aquele que se vincula a qualquer doutrina religiosa conscientize-se de que a sua deve ser uma fé raciocinada, na qual não existem lugares para magias ou superstições, fantasias ou fenômenos sobrenaturais, milagres de ocasião e de preferência divina...

O papel fundamental que desempenha é esclarecer o crente a respeito de como comportar-se nas situações de testemunho ou naturais de dor, encontrando diretrizes válidas para prosseguir na trilha do bem, com os olhos, porém, no foco maior, que é a sua imortalidade.

DECESSO
Falecimento, morte,
passamento.

BORRASCA
(Por mtf.) Contratempo que gera
transtorno ou
inquietação; contrariedade inopinada.

A certeza de que a vida permanece após o decesso orgânico pelo fenômeno biológico da morte oferece convicção e paz nas borrascas que são vencidas com ânimo e compreensão lúcida.

❖

As mensagens que constituem este livro foram escritas durante largo período, objetivando abordagens em torno de temas afligentes de cada ocasião, demonstrando que sempre encontramos o melhor caminho, quando paramos a reflexionar em torno da existência e elegemos a conduta cristã conforme exarada em o Evangelho de Jesus.

Algumas vieram a lume em diversos periódicos espíritas, oportunamente, e receberam ligeira adaptação ao conjunto no qual se encaixaram.

Em verdade, nada trazem de original que possa apresentar novidades. Sempre objetivamos reacender a esperança naqueles que se encontram em dificuldade; a alegria naqueloutros que a perderam; paciência aos que se engalfinham no desespero e deixam-se sucumbir pelos golpes do denominado destino.

Também temos como essencial recordar aos nossos leitores as sublimes lições do Mestre Jesus que o tempo esboroou, que foram alteradas, que se perderam na memória e devem ser revividas com frequência, a fim de que a verdadeira união mental se faça com Aquele que é o exemplo máximo do Amor que Deus nos ofereceu a todos, para servir-nos de Guia sempre.

Em qualquer situação, portanto, por mais angustiosa se te apresente, ora e confia, não *jogando a toalha*, como se costuma vulgarmente dizer, significando a perda e o abandono da luta.

É na luta que o Espírito se fortalece, porquanto é imperioso libertar-se das fortes construções pretéritas, referentes aos períodos do seu primarismo evolutivo.

Esperamos, desse modo, que a nossa mensagem de alguma forma encontre ressonância nas mentes e nas emoções superiores daqueles que nos derem a honra de lê-la.

Salvador, 11 de agosto de 2016.
JOANNA DE ÂNGELIS

EXARAR
Registrar por escrito.

ENGALFINHAR
(Fig.) Empenhar-se em discussão, altercação etc., com veemência.

ESBOROAR
Reduzir, desfez, desmoronou.

EXORAÇÃO

Doce Pai Francisco:

Pax et Bonum!

A Terra *estertora* na convulsão dos impositivos do progresso com as suas grandiosas conquistas e as devastadoras destruições.

No teu período, preparava-se a mudança radical para uma era nova que teria o seu esplendor na Renascença.

De igual maneira, o mundo se prepara para um período novo.

Tu vieste, suave **Cantor de Deus**, trazer a natureza para as reflexões humanas e lograste o êxito de transformar o mundo sombrio em uma esplendorosa madrugada de bênçãos.

Hoje, também, o planeta encontra-se varrido por uma noite de horror, em que o poder temporal domina a sociedade que *estorcega* entre as paixões primitivas e as aspirações de paz que ainda não desfruta.

As criaturas humanas permanecem aturdidas, aguardando que a tua voz, suave Cantor do Bem, chegue-lhes à acústica da alma para novamente escutar-se o *balir* das ovelhas, a musicalidade das abelhas operosas, as *onomatopeias* de todo lugar e a tua voz, na humildade, na abnegação e no sacrifício, sobressaindo-se em exaltação ao Altíssimo Senhor.

EXORAÇÃO
Súplica, imploração.

PAX ET BONUM
(Latim) Paz e Bem.

ESTERTORAR
Agonizar, arquejar, extinguir-se.

RENASCENÇA
Nos sécs. XV e XVI, movimento artístico, científico e filosófico, iniciado na Itália, que pregava o retorno aos ideais da Antiguidade greco-latina, esp. a valorização do ser humano e de suas capacidades.

ESTORCEGAR
Torcer fortemente; estorcer.

BALIR
Soltar balidos (som típico de ovelhas e carneiros).

ONOMATOPEIA
Formação de uma palavra a partir da reprodução aproximada, com os recursos de que a língua dispõe, de um som natural a ela associado.

Anelamos pela tua canção, Pai Francisco, e nada obstante tenhamos as mãos cheias de coisas, no coração há um espaço pleno aguardando que tu preenchas.

Voltarás a cantar aos ouvidos do mundo que não conhecem ainda tua voz, e a sinfonia do teu canto apontará o rumo de segurança na direção do Crucificado que nos liberta pela Sua ressurreição gloriosa.

Pai Francisco, os teus discípulos já estão entre nós preparando o teu caminho para a redenção da Humanidade.

Esperamos-te com a ternura imensa no coração e a alma referta de ansiedades para a conquista da plenitude.

REFERTO
Muito cheio; pleno, abundante, volumoso.

Hoje a Humanidade dispõe da tecnologia que não havia na tua época e da Ciência que ela desconhecia, mas teve a honra de hospedar-te no seu seio e tu valeste mais do que as macro e micro conquistas com a tua filosofia da pobreza e do amor.

Volta, Pai Francisco, porque os sofredores de Rivotorto aguardam as mãos da caridade para lavar-lhes as feridas da alma que ninguém vê, assim como os pastores humildes e os agricultores modestos necessitam da tua ajuda para cuidar das suas ovelhas e semear o trigo bom da imortalidade.

Diante do teu túmulo, tu, que ressuscitaste da morte para a Vida, volve ao carreiro humano para nos conduzir à misericórdia de Deus.

CARREIRO
Caminho estreito, atalho.

Abençoa-nos, Pai Francisco, são as súplicas de todos nós, através do nosso coração agradecido por nos haveres aceito no teu rebanho.

Pax et Bonum!
JOANNA DE ÂNGELIS

_____

(Página psicofônica recebida pelo médium Divaldo Pereira Franco, em 27 de janeiro de 2015, junto ao túmulo de São Francisco, em Assis, Itália.)

1

ACONTECIMENTOS IMPREVISTOS

Enquanto a barca da reencarnação navegava nas águas tranquilas do prazer, todos os acontecimentos eram enriquecidos pelos sorrisos, pela imensa alegria de viver.

Tinhas a impressão de que te encontravas no verdadeiro paraíso, sem maiores preocupações com o processo da evolução.

Inesperadamente, porém, foste surpreendido por ocorrências imprevistas e te encontras tomado de surpresa e desencanto, acreditando-te desamparado e sem o socorro da Divina Providência.

Sucede que a Terra é escola abençoada que faculta o progresso intelecto-moral dos Espíritos que nela se reencarnam. Invariavelmente são devedores das Leis Soberanas da Vida que desfrutam da oportunidade feliz de reparação dos desvios que se permitiram em existências anteriores.

Tais sucessos imprevistos objetivam convocá-los para a reflexão e a libertação dos encantos do prazer, ensinando-os a encarar a transitoriedade do corpo ante a realidade de seres imortais que são.

Nesse sentido, o sofrimento se apresenta como benfeitor, por despertar a consciência adormecida e propor-lhe a visão correta para o comportamento durante a existência.

SUCESSO
Aquilo que sucede; acontecimento, fato, ocorrência.

TRANSITORIEDADE
Qualidade de transitório; que só dura certo tempo; que é breve; passageiro, transitivo.

Não poucas vezes, tudo parece transcorrer normalmente; estão programadas pelos cuidados pessoais as metas para o futuro, e, de surpresa, desencarna um ser querido, deixando soledade e amargura.

Noutras ocasiões, os negócios que funcionavam em ordem sofrem alteração e a empresa muito bem estruturada decompõe-se e cerra as suas portas.

Certos dias apresentam-se assinalados por desencantos, e a afetividade, que parecia preencher os espaços emocionais, experimenta choques variados, com resultados de desalento e de dor.

Em momentos outros, enfermidades degenerativas ou simplesmente vigorosas apresentam-se com volúpia e produzem debilitação das forças numa conspiração aparente contra o bem-estar e a harmonia do organismo.

Repentinamente surgem conflitos que se ignoravam e transtornos emocionais sacodem o indivíduo, ferem a alegria e perturbam a emoção.

Sempre surgem em todas as vidas esses fenômenos inesperados, porque fazem parte do programa de iluminação da Humanidade.

Ninguém que se encontre indene à sua ocorrência.

Eles se apresentam e esperam ser bem recebidos, mesmo marchetando a alma e retirando a aparente tranquilidade.

O físico é o mundo das ilusões e das fantasias.

O espiritual é aquele de onde se procede e para onde se retorna.

> **SOLEDADE**
> Estado de quem está ou se sente só; solidão.
>
> **CERRAR**
> Unir duas ou mais partes de, inibindo passagem de ar, luz, pessoas etc.; fechar.
>
> **INDENE**
> Que não sofreu perda, dano; livre de prejuízo.
>
> **MARCHETAR**
> (Fig.) Tornar (algo) atraente com; adornar, enfeitar, matizar.

A vida na Terra expressa-se conforme o nível de consciência e de evolução de cada criatura.

Resultado das ações anteriores, as ocorrências têm lugar conforme a origem e sempre proporcionam recursos de transformação moral.

Dessa forma, exercita o desapego de tudo quanto te retém na retaguarda.

Começa a libertar-te das coisas e questões que não podes conduzir para sempre.

Treina a simplicidade de coração e a fraternidade legítima, reparte com o teu próximo tudo quanto representa excesso e que o egoísmo retém, em mecanismo de precaução para o futuro.

A sede de prazeres e a ânsia de poder constituem grandes adversários do processo autoiluminativo, retêm o indivíduo nas paixões imediatistas, o que o impede de viver as saudáveis experiências da renúncia e da abnegação.

Qualquer forma de apego é prejudicial ao Espírito, que se deve descondicionar das falsas necessidades que a modernidade impõe.

DESCONDICIONAR Suprimir os efeitos decorrentes de um condicionamento.

O essencial é sempre menos volumoso e significativo do que o secundário, que se apresenta como de grande importância. O seu valor, porém, é atribuído por aquele que se lhe agarra, destituído, no entanto, das qualidades que lhe são concedidas.

Espera da existência todos os tipos de acontecimentos, especialmente esses que mortificam pelo despreparo para o seu enfrentamento.

Quando se pensa na própria fragilidade, no fenômeno da morte, que exige apenas uma condição, que é estar no corpo físico, robustece-se a coragem e a fé amplia-se na direção do futuro, tornando-se uma couraça protetora que nada consegue penetrar de forma prejudicial.

ROBUSTECER Tornar(-se) robusto; fortalecer(-se), revigorar(-se).

COURAÇA (Fig.) Qualquer coisa (concreta ou abstrata) que sirva de proteção a uma pessoa contra o revés, o infortúnio.

Comportamento de tal natureza pode ser considerado como a busca da Verdade, a que se referiu Jesus, quando informou: *Buscai primeiro o Reino de Deus, e sua justiça e tudo mais vos será acrescentado.*

Pilatos Lhe havia interrogado o que era a Verdade. Teria, porém, condições para a entender, atropelado pelos interesses doentios do poder temporal, das paixões de raça e dos caprichos da governança? Jamais lhe ocorreu que estava sobre areia movediça que o tragou depois da morte do imperador Tibério, quando então foi mandado para o exílio, no qual se suicidou.

Assim sucede com os enganos que o *ego* engendra e o ser se aferra, que preserva as ilusões por falta de coragem e estrutura moral para enfrentar a realidade na qual se encontra e procura não se dar conta.

Assim sendo, não consideres como infortúnios os acontecimentos imprevistos que te convoquem a mudanças radicais de conduta para melhor.

> **ENGENDRAR**
> Dar existência a; formar, gerar.

> **AFERRAR**
> (Por mtf.) Agarrar-se, apegar-se, ater-se, devotar-se.

O Reino dos Céus está entre vós – enunciou Jesus.

É necessário ter-se *olhos de ver* e *ouvidos de ouvir* para deixar-se penetrar pela sua realidade e incorporá-la ao cotidiano.

Supera as fantasias da mente, disciplina o pensamento, de modo que o conduzas de forma edificante e prazenteira para toda a existência, assim como para depois da desencarnação, quando despertarás conforme és, e não com o que reuniste e fixaste como de tua posse.

> **PRAZENTEIRO**
> Que tem ou manifesta satisfação; alegre, animado, feliz.

2

A AMIZADE

Narra Cícero, o nobre filósofo latino, uma extraordinária lição de amizade, referindo-se a Pítias e Damon, que eram amigos inseparáveis em Siracusa, então governada por verdadeiro tirano.

Pítias, inspirado e honesto, acompanhava os desmandos do monarca infeliz e, possuidor de palavra encantadora, passou a censurá-lo publicamente.

Ao tomar conhecimento da audácia do jovem orador, chamou-o ao palácio com o seu dileto amigo, a fim de reprochar-lhe o comportamento, terminando por ameaçá-lo com gravidade.

— Se prosseguir criando-me situações insuportáveis — disse-lhe, colérico, o rei Dionísio —, demonstrará rebeldia e traição, passíveis de ser-lhe aplicada a penalidade máxima.

— Mas eu somente refiro-me à verdade — respondeu o moço corajoso.

Em tentativa de demonstrar generosidade, o governante equivocado concedeu-lhe a oportunidade de alterar a conduta e explicou-lhe que a reincidência seria severamente punida.

Os jovens retiraram-se do palácio, e porque o rei não se houvesse modificado, Pítias continuou a censurá-lo em seus discursos públicos.

DILETO
Que se estima com preferência; particularmente querido; muito amado; preferido.

REPROCHAR
Censurar, reprovar, objetar.

COLÉRICO
Diz-se de ou aquele que se encoleriza facilmente; que ou o que é inclinado a iras; passional, irascível.

REINCIDÊNCIA
Obstinação, insistência, teimosia.

Pouco tempo depois, irritado, Dionísio mandou prendê-lo e exigiu que ele fosse levado diante da corte reunida na sala do trono, para ser castigado pela ousadia de prosseguir infamando-o.

Sem qualquer temor, o jovem elucidou que a função do rei era promover a justiça, e não exaurir os súditos, beneficiando apenas os bajuladores que enriqueciam, enquanto a miséria se alastrava pelo país.

Porque se sentisse desconsiderado e informando que se tratava de traição e complô para depô-lo, Dionísio condenou-o à morte, antes lhe indagando se tinha algum desejo.

Pítias, estoico, redarguiu que não temia a punição, mas solicitava que lhe fosse permitido despedir-se da mulher e filhos que residiam em outra cidade.

Zombeteiro, o monarca revidou que não devia ser subestimado, e percebia que se tratava de um ardil para fugir à punição.

Pítias, ante o assombro de todos, informou que daria uma garantia de que volveria para cumprir a pena.

Interrogado qual seria a garantia, antes de responder, Damon, que se encontrava em silêncio, deu um passo à frente e respondeu:

— Eu sou a garantia. Ficarei no cárcere à sua espera. Nossa amizade é de todos conhecida e pública, podendo, portanto, responder por ele.

O rei olhou-os demoradamente e perguntou ao voluntário:

— Já pensou que, se ele não voltar, a pena de morte recairá sobre sua cabeça?

— Sim, majestade — respondeu, tranquilo.

Pítias partiu em direção ao lar, enquanto Damon foi recolhido ao cárcere.

Decorrido o prazo, Pítias não retornou.

INFAMAR
Atribuir infâmias, vilezas a; caluniar, difamar.

ESTOICO
Adepto do estoicismo. Rígido, firme, resignado ante o infortúnio.

ARDIL
Ação que visa a iludir, enganar; cilada.

Levado à presença do monarca, o refém ouviu-lhe o sarcasmo, quando o interrogou:

— Onde está o teu amigo? Eis que o prazo extingue-se dentro de poucas horas e até este momento ele não compareceu. Que dizes?

— Senhor! Se meu amigo não veio até agora, com certeza algo o impediu, e terei prazer em morrer em seu lugar, embora saiba que ele vencerá, seja qual for a dificuldade que lhe esteja complicando a chegada.

Estava na frase final, quando Pítias, amparado por um soldado, deu entrada na sala, ofegante, abatido e ferido, caindo nos braços do seu amigo e exclamando:

— Graças aos deuses você ainda está vivo! As Parcas parecem haver conspirado contra mim, porque a embarcação naufragou e consegui sobreviver e avançar pela estrada, quando fui assaltado por bandidos, chegando a tempo para cumprir a sentença...

> **PARCAS**
> Deusas da Mitologia grega (Cloto, Láquesis e Átropos) que determinam o curso da vida humana.

Emocionado, Dionísio retirou a sentença e mandou libertá-los, enquanto dizia-lhes:

— Uma amizade deste porte merece respeito e compensação. Não somente os liberto, como lhes rogo que me ensinem essa nobre virtude que tanta falta faz à Humanidade, ajudando-me a participar dela.

❧

A amizade, muito esquecida por causa da supremacia do *ego* no comportamento humano, é a chave para alcançar-se a legítima fraternidade entre os povos.

Ela é suave como a brisa benfazeja e perfumada, que sopra discreta e abençoa a vida.

O seu magnetismo acalma e enriquece de confiança os relacionamentos por propiciar alegria e bem-estar.

> **BENFAZEJO**
> Que tem ação favorável, benéfica ou útil; cuja influência é boa.

JAÇA
Imperfeição (mancha ou falha).

LATÊNCIA
Em estado latente; oculto, não aparente.

IMO
(Fig.) Muito íntimo, muito profundo; interno, recôndito.

HÁLITO
(Fig.) Aragem, brisa, sopro.

ESPARZIR
(M.q.) Espargir; disseminar(-se), difundir(-se).

TORPEZA
Qualidade, condição ou ato que revela indignidade, infâmia, baixeza.

Quando a amizade sem jaça se instala na mente e no coração, dignifica a vida, dá-lhe calor e confere-lhe sentido psicológico.

Se é verdadeira, nada solicita nem impõe.

A sua presença desperta o espírito divino que se encontra em latência no imo das criaturas, aguardando-lhe o toque mágico para alcançar a plenitude.

A amizade serve e contribui para o aprimoramento moral e a evolução espiritual.

Na sua base devem repousar os ideais de engrandecimento da sociedade.

Nunca desconfia nem suspeita, porque o seu hálito harmoniza as emoções daquele que a cultiva, enquanto esparze vibrações de paz.

Ser amigo é a maneira mais próxima para transformar-se em irmão.

⚜

Cultiva o doce sentimento da amizade, que elimina qualquer tipo de paixão animalizante e de torpeza moral.

O exemplo máximo é Jesus, que se fez amigo de todos aqueles que não têm amigos.

Treina a amizade, doando-te, e não esperando nada além do prazer de seres tu o amigo do teu próximo.

3

A VIVÊNCIA SAUDÁVEL

Sem qualquer dúvida, o pensamento exerce poderosa e essencial contribuição para a existência humana. É-lhe dínamo gerador de energias diversificadas que se encarregam de manter a maquinaria celular em movimentação. Quando se manifesta carregado pela onda perturbadora gerada pelos sentimentos perversos, desarticula a harmonia vigente, que perde a diretriz de segurança e abre campo para a instalação de enfermidades. No sentido oposto, quando é gerado pelas emanações do bem e do amor, produz equilíbrio e bem-estar.

A mitose celular obedece a ciclos de tempo que são transmitidos de uma para outra geração, dando lugar à memória da sua reprodução. Quando fatores emocionais e mentais dissolventes as envolvem, perdem o ritmo, aceleram a cissiparidade ou a reduzem, a prejuízo do conjunto equilibrado.

No primeiro caso, ocorre a formação de tumores que se podem apresentar com caráter de neoplasia ou de benignidade. Na segunda ocorrência, sucede a inarmonia imunológica e abrem-se campos às contaminações infecciosas.

A instabilidade das ondas mentais proporciona o desgaste da energia vitalizadora e os mecanismos degenerativos apressam o surgimento dos males de Parkinson, Alzheimer e de outros transtornos mentais.

MITOSE
Divisão celular que resulta em duas outras células semelhantes à original.

CISSIPARIDADE
(M.q.) Divisão binária (dupla) da célula.

NEOPLASIA
Processo patológico que resulta no desenvolvimento de um neoplasma; neoformação.

A dualidade mente/corpo é indissociável enquanto o ser movimenta-se na vilegiatura carnal.

A irradiação da mente, que exterioriza o Espírito no seu estágio de evolução, é sempre recebida pelos órgãos de acordo com a sua qualidade vibratória, responsável pela manutenção da ordem ou do desequilíbrio de cada unidade celular.

Eis por que os sentimentos doentios, quais a mágoa, o ódio, o rancor, a sensualidade, o erotismo, o ciúme, a vingança, as condutas alienantes culminam em enfermidades de etiologia muito complexa e de terapêutica de difícil eficácia.

ETIOLOGIA
Causa; estudo das causas das doenças.

Isto porque, permanecendo a causa degenerativa, ínsita na conduta mental, o bombardeio das energias destrutivas prossegue devastador.

ÍNSITO
Implantado, intimamente gravado, inerente.

Indispensável que ocorra uma radical mudança íntima nos arcanos mentais do indivíduo, a fim de ser revertida a ocorrência, enquanto as ondas da afetividade as substituam.

ARCANO
Mistérios, parte mais profunda da mente.

Quando são elaborados pensamentos de ternura e de perdão, de compaixão e de caridade, irradiações saudáveis envolvem todo o ser, mantendo-o em clima de plenitude.

Muitas vezes os impositivos da evolução decorrentes da Lei de Causa e Efeito registram no perispírito distúrbios na área da saúde, mas o paciente, preservando as equilibradas diretrizes mentais, consegue diminuir a carga aflitiva e auxilia com rapidez a própria recuperação, quando não se trate de expiações pungitivas.

PUNGITIVO
Que punge, que estimula; doloroso.

⚜

Cuida com empenho do hábito de pensar corretamente, corrige os velhos costumes da censura e da reprimenda, do pessimismo e da negatividade, da prevenção e do preconceito, do ressentimento e do ódio, do ressumar das lembranças mórbidas em que te comprazes, a fim de experienciares os opimos frutos da alegria e do bem-estar.

RESSUMAR
(Fig.) Revelar, transparecer.

OPIMO
Excelente, fértil, fecundo, rico.

Exercita-te na fixação das paisagens mentais irisadas pela beleza do amor, que deve sempre ser a meta a alcançar durante a existência corporal.

Esforça-te pelo amadurecimento psicológico, elege momentos para a reflexão, para a conscientização da responsabilidade do existir consciente, de forma que te enriqueças de tranquilidade emocional.

Toda vez quando uma ideia negativa te vergar o pensamento, induzindo-te à ira ou ao rancor, substitui-a pela paciência e pela resignação, e conseguirás domar o instinto de revide.

Sempre serás testado nas resistências emocionais, no grupo social em que te movimentas, no qual os conteúdos personalistas e egoístas predominam com exagero e induzem a comportamentos agressivos.

Nem sempre será fácil superar a injunção provocativa, mas se treinares, mediante o exercício da compaixão, ver o outro como um enfermo ou veículo de dissolução, conseguirás manter a serenidade e a paz, sem assimilar-lhe o ódio ou a agressão com que te provoca a descer aos pântanos primitivos do passado evolutivo...

Deves ter em conta igualmente que, embora a sublime proteção de Deus e o auxílio dos guias espirituais, pululam na psicosfera terrestre os Espíritos infelizes que ainda se comprazem no mal e interferem no comportamento dos seres humanos em tentativas de afligi-los e de infelicitá-los.

Alguns deles são vítimas de outros em existências transatas, talvez também de ti, e retornam ao intercâmbio pelas afinidades emocionais que produzem a sintonia, por consequência, a perturbação.

Se tiveres, porém, o cuidado de orar e de agir na misericórdia, eles não encontrarão campo vibratório para interferir na tua conduta, não conseguirão desestruturar-te.

Caso contrário, se ainda estiveres dilacerado pelas reações do desequilíbrio, sintonizarás com as suas frequências

---

IRISADO
(M.q.) Iriado, isto é, que contém as cores do arco-íris; que brilha com reflexos coloridos; irisado, matizado.

VERGAR
(Fig.) Abater, esmorecer.

DISSOLUÇÃO
(Fig.) Desorganização, deterioração.

PSICOSFERA
Atmosfera psíquica, campo de emanações eletromagnéticas que envolve o ser humano.

TRANSATO
Que já passou; passado, pretérito, anterior ao atual.

ENLEADO
Que se enleou, que está entrelaçado, enredado.

vigorosas e permanecerás enleado nas malhas dos seus sentimentos de vingança, enfermando-te...

Vigia, pois, os teus pensamentos, fonte de bons e de maus sentimentos a refletir-se na tua saúde.

Saúde e doença são um binômio de fatores que se conjugam, que se interdependem.

Preserva o pensamento vinculado às fontes do conhecimento transcendental, às nascentes da Vida e fruirás das bênçãos da paz.

⚜

RECIDIVA
Reaparecimento; recorrência.

Jesus sempre recomendava aos pacientes que atendia e recuperava, que tivessem cuidado para não se comprometerem novamente, a fim de não sofrerem a recidiva do mal em estágio mais grave.

...E, atendendo os Espíritos obsessores, observava que, para essa classe, são necessários o jejum dos pensamentos infelizes e a oração do bem proceder.

4

MUDANÇAS

A Divindade revela-se ao ser humano na grandeza deslumbrante da Sua obra. Nada obstante, é nas pequenas ocorrências que se manifesta e convida à reflexão em torno do significado existencial de cada um, que a deve conhecer e penetrar-Lhe a beleza, crescendo em harmonia até alcançar a plenitude.

O macrocosmo encontra-se ínsito no microcosmo, assim como este faz parte do primeiro. Em tudo está presente a magnificência do Criador, aguardando entendimento e aceitação profunda.

Não poucas vezes, uma palavra bem colocada num diálogo proporciona a compreensão profunda em torno da imortalidade, na qual todos se encontram mergulhados, quer estejam na indumentária carnal ou dela despidos.

Identificá-la e procurar penetrar-lhe o significado essencial é um dos objetivos psicológicos do renascimento material, em cuja conquista devem-se investir os melhores recursos iluminativos e sacrificiais.

Normalmente, aguarda-se um acontecimento de expressiva dimensão para o despertamento e a dedicação, qual ocorreu com Saulo de Tarso, quando, às portas de Damasco, na

INDUMENTÁRIA
O que uma pessoa veste; roupa, indumento, induto, vestimenta.

SOFISMA
Argumentação com a intenção de induzir ao erro; má-fé.

JUGO
Sujeição imposta pela força ou autoridade; opressão.

ARAUTO
Aquele que defende uma ideia, uma causa etc.; defensor.

JÚBILO
Alegria extrema, grande contentamento; jubilação, regozijo.

INOBSTANTE
(M.q.) Não obstante; apesar de (algo).

PÁRAMO
Abóboda celeste; céu; firmamento; o ponto mais alto.

FORTUITO
Que acontece por acaso; não planejado; eventual, imprevisto, inopinado.

CONVENTUAL
Relativo ou pertencente a convento.

SUTILIZAR
Tornar-se imaterial, incorpóreo; imaterializar-se.

DERROGAR
Alterar, abolir, suprimir.

loucura da perseguição aos discípulos de Jesus, foi pelo Incomparável Mestre visitado...

Ele necessitava, sem dúvida, de algo retumbante que não lhe desse margem a qualquer sofisma ou dúvida, atormentado que vivia sob o jugo da Lei antiga.

E ante a grandeza da ocorrência, ele soube responder ao chamado extraordinário, tornando-se o arauto dos futuros tempos, ao ponto de submeter-se, em júbilo, ao holocausto da própria existência, em fidelidade ao dever espontaneamente assumido.

Inobstante, pequenos incidentes conseguem despertar a atenção para a mudança de conduta, ensejando a descoberta de novo foco para ser conquistado.

Os valores atribuídos às coisas e propostas do século cedem lugar a outros significados que transformam a existência e elevam a criatura humana aos páramos da glória espiritual mediante a conquista da harmonia interna.

Deus desvela-se, portanto, nas pequenas coisas, nos encontros fortuitos, nos detalhes ou durante os inexplicáveis tormentos pessoais, nas tribulações, nas vicissitudes, desde que se esteja atento para a penetração na Sua mensagem discretamente oculta.

Santa Teresa d'Ávila, por exemplo, enferma por longos mais de vinte anos, desenganada mais de uma vez e tida na condição de morta, recuperava a saúde e voltava aos movimentos e atividades conventuais com a desenvoltura de antes de cada doloroso processo de depuração.

Submetido o corpo à paralisia e o estômago à escassez de alimento, sutilizou-o de tal forma que nos seus êxtases levitava, *derrogando* a Lei da gravidade.

Outros, chamados ao ministério da fé, encontraram-na no dia a dia, em observações de determinados fatos, assim como de sutilezas que induziram à mudança de conduta.

Pode acontecer após a inesperada desencarnação de um ser querido, um insucesso profissional ou artístico, cultural ou socioeconômico, quando os objetivos anelados sofrem um forte abalo que impõe mudança de conduta.

Nunca maldigas, portanto, as funestas ocorrências nem os graves dissabores que conduzem significados psicológicos relevantes, se souberes descobri-los.

MALDIZER
Lastimar-se acerca de; reclamar, lamentar.

De igual maneira, detém-te a analisar comportamentos ao teu lado que poderiam significar infelicidade e, no entanto, fazem-se edificantes.

Deus supervisiona sem cessar a Criação e exterioriza-se através dela, buscando o ser humano, a fim de o retirar das distrações para o enfrentamento da realidade de imortal que é.

A tua existência necessita de estímulos transcendentes para alcançar a meta que te aguarda.

Todos os valores do mundo têm o significado que lhes atribuis.

Na sua transitoriedade servem de instrumentos para tornar a caminhada carnal mais amena e encantadora, sempre passíveis de mudança de mãos e de desapego.

Isto porque, embora úteis, são limitados no seu significado real: não preenchem o vazio existencial, não substituem a afetividade que se interrompeu, não impedem os acontecimentos desenhados no mapa da evolução.

Mantém-te ativo para captares as mensagens de Deus, que jamais te abandona, interferindo nos teus passos com delicadeza, assim como também se utilizando de vigor.

Observa como te encontras e quais os deveres iluminativos que tens deixado pelo caminho, ante as atrações sensoriais que te divertem.

ROMAGEM
(M.q.) Romaria; caminho percorrido (no correr dos tempos); ato de passar (o tempo).

ARRIMAR
(Fig.) Apoiar-se, sustentar-se.

DESPERTO
Vigilante, acordado.

BROCARDO
(Por ext.) Qualquer aforismo, provérbio, máxima.

CHULO
Que não é digno, elevado; grosseiro, rude.

ARROUBO
Ato ou efeito de arroubar; êxtase, enlevo, arroubamento.

Tem em mente que, na sua romagem, o tempo não se detém e, quando é mal utilizado, enseja saldo negativo na contabilidade existencial.

Desse modo, retira das suas lições frequentes a sabedoria para alcançares os patamares elevados da espiritualidade que a todos aguarda na esteira das horas.

Nunca te suponhas sem chance de progredir, arrimando-te à preguiça mental e aos lamentos morais.

Somente quando se está desperto ou sob o estímulo das emoções é que se pode identificar o chamado de Deus.

Renova-te sempre e caminharás com segurança no rumo da plenitude.

Velho brocardo popular afirma que tudo quanto não se renova, inevitavelmente morre.

Renovação é vida, e mudança de conduta para melhor é impositivo do processo da evolução.

⚜

As boas-novas de Jesus são lições de vigorosa atualidade para a incessante renovação moral.

Cuida do vocabulário chulo, das acusações insensatas contra os teus irmãos e sê fiel à mudança para melhor, porquanto serás chamado a prestar contas dos teus arroubos de cólera, de intolerância, de insensatez.

Estás convidado para construir a sociedade digna. Fica atento, pois, ao chamado de Deus.

5

A FORÇA DO AGORA

Duas situações enfrentam-se e expressam a mesma emoção. A primeira diz respeito às necessidades econômicas responsáveis por aflições inimagináveis, chegando, às vezes, ao clímax do desespero. A segunda refere-se à abundância, ao excesso de recursos que tornam a existência difícil de ser suportada e proporcionam o vazio existencial.

Certamente, a provação da pobreza constitui exercício para o crescimento moral, em processo de recuperação moral, como decorrência do mau uso das altas concessões de que se desfrutou em existência pregressa. De igual maneira, a prova da riqueza, que proporciona conforto e prazer, faz-se um desafio vigoroso para a sua correta aplicação, por ensejar o progresso da sociedade e a diminuição de muitos sofrimentos terrestres que defluem da miséria, da ausência de condições mínimas para uma existência produtiva.

Seja uma ou seja outra postura, o poder do agora se apresenta como de alta significação, porque em um minuto pode-se mudar completamente a trajetória existencial, tanto para o bem quanto para o mal. Uma decisão repentina altera uma programação anterior, respondendo por novas consequências da conduta nesse momento adotada.

PREGRESSO
Que se passou antes; anterior, precedente.

PORVIR
O tempo que está por vir, por acontecer; futuro.

POSTERGADO
Que se postergou, menosprezado, esquecido, adiado.

O agora é o porvir do ontem que chegou ao tempo que logo mais será o passado que armazena as experiências vivenciadas.

Viver intensamente o agora é uma atitude de sabedoria que não pode ser postergada, o que equivale a experienciar as lições da vida sob o ponto de vista da ética e da moral, mediante projetos e compromissos de autoiluminação, conquistando aos poucos as áreas sombrias da personalidade, ao tempo em que sejam superados os fatores de perturbação da conduta.

Ao considerar-se a transitoriedade do tempo, o agora não mais se repetirá nas mesmas circunstâncias e com idênticas possibilidades...

As águas de um rio jamais retornarão ao mesmo leito, em face do tempo que transcorre, e, quando se transformam em vapor e chuva caindo na região, as circunstâncias são outras.

No que diz respeito ao poder do agora, procura refletir a necessidade de tornar um hábito saudável o que deves fazer, a fim de que as surpresas do momento nunca te encontrem distraído, a ponto de perderes o ensejo de crescer interiormente.

✣

CALEIDOSCÓPIO
(Fig.) Sucessão vertiginosa, cambiante, de ações, sensações. Conjunto de objetos, cores, formas que produzem imagens em constante mutação.

No caleidoscópio dos teus atos encontrarás informações para que tenhas um agora iluminado por bênçãos que te poderão felicitar. Também se encontram injunções penosas que te exigem equilíbrio e harmonia.

Não ajas com precipitação, para não acumulares mais dificuldades para o amanhã.

Cada atividade no seu momento próprio, cada passo com segurança após o anterior.

A escada do progresso é infinita.

O indivíduo lúcido está desperto para todas as oportunidades que enfrenta. A sua consciência está vigilante para retirar sempre os melhores resultados, inclusive, quando visitado estejas pelo mal, lograres o aproveitamento do que seja mais proveitoso.

Cada agora é dádiva da Vida para corrigir, reestruturar, edificar.

Mesmo que permaneças indiferente, o agora sinaliza-te momento de ação.

Num instante podes entesourar alegrias e valores relevantes, assim como noutro podes pôr a perder todos os tesouros que acumulaste.

Faze, então, do teu agora um rosário de feitos que te ofereçam poderes espirituais para o logro da evolução.

Num momento de vacilação, Pedro negou Jesus por três vezes. Noutro momento, Judas teve a dimensão exata do seu crime hediondo e, arrependendo-se, tentou impedir-lhe a execução, tardiamente porém, porque já havia passado o significativo agora.

Tuas decisões de um instante refletir-se-ão nos acontecimentos porvindouros. Não poderás retroceder para anulá-los, mas poderás iniciar novos cometimentos com os olhos postos no porvir.

Habitua-te, desse modo, a agir com serenidade em cada momento, de modo a percorreres o curso da tua reencarnação com sabedoria e probidade...

O Evangelho de Jesus conclama o discípulo sincero ao trabalho de autolapidação moral agora, porque depois pode ser tarde demais.

Quando o arqueiro dispara a flecha, não lhe pode deter o curso.

Todos são arqueiros da evolução, disparando dardos que podem servir de estacas fincadas no solo como segurança ou armas de destruição de vidas.

Nunca subestimes, portanto, o poder do agora.

LOGRO
Efeito de lograr, logramento, ganhos, lucro, proveito.

HEDIONDO
Que provoca reação de grande indignação moral; ignóbil, pavoroso, repulsivo.

PROBIDADE
Qualidade do que é probo; integridade, honestidade, retidão.

CONCLAMAR
Chamar com insistência, amplamente e de maneira oficial; convocar.

O tempo é resultado do agora que se une a outro sem solução de continuidade.

❧

Jesus convidou-te: *Vinde hoje trabalhar na minha vinha.*

Se aceitaste o chamado, nada esperes e atende-o; se te deténs esperando, já desperdiças valioso tempo, e se não o aceitas, voltarás ao caminho posteriormente em situação deplorável e dolorosa.

Aproveita e atende ao chamado.

Agora é o teu momento de autoiluminação.

Acende a luz do amor no íntimo, coloca o combustível da ação e sê feliz desde agora.

Jamais te arrependerás por aceitares o chamado do amor para a construção da harmonia interior.

6

EXALTAÇÃO DA ALEGRIA

Friedrich Nietzsche, o filósofo alemão, pessimista e céptico, afirmou que a oração de cada pessoa deveria ser uma forma de reflexão, na qual exarasse: *Hoje irei dar alegria a alguém.*

A alegria é uma ode de louvor à vida, uma oração sem palavras.

Para consegui-la, no entanto, tornam-se indispensáveis a tranquilidade da consciência reta e o sentimento de autoamor que se encarregam de trabalhar pela melhora intelecto-moral do indivíduo.

Mais importante do que a explosão do riso que, às vezes, disfarça conflitos perturbadores, é um estado de harmonia íntima que se identifica com o programa existencial iluminativo.

Quando Jesus veio à Terra e se nos apresentou, foi claro ao enunciar: *Eis que vos trago boas-novas de alegria!*

Equivale a Sua informação à oportunidade que todos poderão desfrutar para a aquisição da plenitude, em razão de ser o Seu Evangelho o mais perfeito código de ética e moral jamais ultrapassado.

As Suas lições, repassadas de ternura, amor e responsabilidade, são de perenidade, pelo fato de proporcionar paz e

EXARAR
Registrar por escrito; lavrar.

ODE
Poema lírico composto de estrofes de versos com medida igual, sempre de tom alegre e entusiástico.

DESFRUTAR
Estar na posse de (vantagem, benefício material ou moral); gozar, lograr, usufruir.

PERENIDADE
Que é eterno, perpétuo; perenal.

bem-estar a todos quantos se deixam penetrar pelos seus conteúdos sublimes.

Sendo a jornada terrestre uma experiência que faculta o desenvolvimento dos valores divinos adormecidos no cerne do Espírito, o trabalho de burilamento se faz de relevante importância para que a meta seja colimada.

Invariavelmente, confunde-se alegria com bulha e intempestividade, dando lugar às manifestações ruidosas de júbilo e de exaltação. Nesses casos, encontramos fenômenos de catarse dos distúrbios internos que ressumam do inconsciente, no qual estão arquivadas as experiências transatas.

A verdadeira alegria é uma emoção enobrecedora que proporciona o enriquecimento íntimo do ser com valores transcendentais.

Certamente, a prosperidade econômica, a conquista de afetividade, o êxito de um anelo, o equilíbrio doméstico, a família em harmonia proporcionam alegria.

Há, também, aqueles acontecimentos que facultam o júbilo que proporciona as condições indispensáveis à verdadeira instalação da perfeita alegria, essa bênção que ilumina o ser e o felicita.

A vivência do Evangelho, por gerar bem-estar emocional, é o mais eficiente instrumento para a aquisição da plena alegria de viver.

❧

Compromete-te interiormente em proporcionar alegria a alguém em todos os dias da tua existência corporal.

Sejam os teus labores cotidianos oportunidades de dignificação humana, de libertação de consciências.

Sê gentil com todos e com todas as coisas, embora não conivente com os comportamentos equivocados.

CERNE
(Fig.) Parte central ou essencial de; âmago, centro, íntimo.

BURILAMENTO
Aperfeiçoamento da elaboração de algo.

COLIMAR
Que se tem em vista, em mira, visado.

BULHA
Ruído ou gritaria de uma ou mais pessoas.

CATARSE
Purgação; alívio da alma pela satisfação de uma necessidade moral.

ANELO
Desejo intenso; aspiração; anelação.

São Francisco de Assis, no seu jornadear, justamente cognominado o *Irmão Alegria*, certo dia encontrou um aldeão que conduzia dois cordeiros ao mercado para serem vendidos e mortos. Tocado pela compaixão, negociou-os, trocando-os pela própria capa que o cobria e libertou-os daquele destino fatal, pelo menos naquele dia...

E saía distribuindo alegria a todos os seres vivos ou não em a Natureza, promovendo beleza e júbilos.

Respeitaram-no o lobo de Gúbio, as cotovias que o ouviram atentamente, as abelhas da Porciúncula, todos os *irmãos animais* com os quais confraternizou.

Ao fazê-lo, experimentarás a inefável alegria de viver, nada de mal te alcançará, porque jamais a sombra triunfou sobre a luz.

O cristão verdadeiro é um cantor da alegria, em razão da ventura que o invade por saber da transitoriedade do corpo em benefício da imortalidade do Espírito.

Mediante o exercício de proporcionares alegria, transferir-te-ás dos fenômenos físicos para aqueles que são transcendentes, de matrizes metafísicas.

Pequenos acontecimentos, quase destituídos de valor, tornam-se notas significativas na epopeia da alegria.

Todo aquele que experiencia alegria durante uma oração, enquanto vibra o amor em favor do próximo, encontra-se em expectativa das ações edificantes, ruma com segurança para a conquista do bem imarcescível.

Não te entristeçam as ocorrências infaustas, os acontecimentos afligentes, as provações necessárias, os desencantos nos relacionamentos afetivos e sociais...

Utiliza-te de todos eles como aprendizado para a superação do *ego* e a perfeita identificação do *Self.*

COGNOMINADO
Que recebeu cognome; alcunhado, apelidado.

ALDEÃO
Que ou aquele que é natural ou habitante de aldeia.

COTOVIA
Design. comum às aves passeriformes, canoras.

METAFÍSICO
Depois ou além da física, que transcende a experiência sensível.

EPOPEIA
(Fig.) Sucessão de eventos extraordinários, ações gloriosas, retumbantes, capazes de provocar a admiração.

IMARCESCÍVEL
(Fig.) Incorruptível, inalterável, que não murcha.

EGO
O ego é uma instância psíquica, produto das reencarnações, e que, em determinada fase do desenvolvimento humano, corrompe-se pelo excesso de si mesmo, perverte-se à medida que se considera o centro de tudo, aliena-se como se fosse autossuficiente.

SELF
O ego é o centro da consciência, o Si ou Self é o centro da totalidade. Self, ou Eu superior, ou Si, equivale dizer a parte divina do ser.

PUJANÇA
Grandeza, magnificência.

ADSTRITO
Limitado, restrito.

UTÓPICO
(Fig.) Que tem o caráter de utopia; que é fruto da imaginação, da fantasia, de um ideal, de um sonho; quimérico.

AMOLDAR
Ajustar, modelar.

FRAGOR
Ruído estrondoso; estampido, estrondo.

AFORMOSEAR
Tornar-se formoso; enfeitar-se.

CAMARTELO
(Fig.) Qualquer instrumento ou objeto usado para quebrar, demolir, bater repetidamente.

CALHAU
(Fig.) Estorvo, obstáculo, dificuldade.

Une-te ao Universo e escuta a grandiosa sinfonia dos astros em verdadeiro coral de alegria, exaltando o Criador em toda a Sua pujança.

A alegria, entretanto, não deve ficar adstrita apenas às aquisições positivas, porque a Terra ainda não é, nem foi, o paraíso perdido sonhado por John Milton, o poeta inglês, conforme a sua concepção utópica e rica de beleza.

No calor sufocante e abrasador, os metais modificam sua estrutura e se amoldam a outras formas.

No fragor das lutas, o Espírito se aformoseia. Mesmo quando se apresentam os camartelos do sofrimento que alteram as emoções, surgem novos contornos e a realidade se apresenta grandiosa e dominadora.

Vive, pois, em qualquer circunstância e situação, com alegria.

❧

Quem acompanhava a crucificação de Jesus na tarde tempestuosa e observasse o cenário trágico, não poderia imaginar que o espetáculo hediondo era a véspera da madrugada gloriosa da Sua ressurreição.

Nunca, pois, te afastes das paisagens interiores da alegria, mesmo quando sob calhaus e blasfêmias, porque somente haverá vida em abundância se acontecer a noite da morte física transitória.

7

INALTERADA PREPONDERÂNCIA DO BEM

As denominadas desgraças, tais como: mortes prematuras ou não, falências comerciais, tragédias afetivas, traições inomináveis, doenças irreversíveis, desgostos afligentes, infortúnios outros parecem predominar no convulsionado contexto social da atualidade.

Tem-se a nítida impressão, diante da violência sob todos os aspectos em que se apresenta, do chocante abuso das drogas, da lamentável utilização do sexo em desalinho, do terrorismo cruel, que a Humanidade regrediu moralmente e que as gloriosas conquistas da Ciência, assim como da Tecnologia nada significam para o ser humano, exceto para o desfrutar do prazer e das comodidades oferecidas.

O utilitarismo insensível usa as pessoas e as descarta com facilidade e indiferença, coisificando-as e logo as desprezando.

O caos predomina quase que em toda parte, tão generalizado se encontra o consumismo e tão baixo o nível das emoções, que os menos advertidos optam por aquelas denominadas radicais, com a maior desconsideração para com a existência física.

A cultura da futilidade atinge índices alarmantes, dantes mesmo jamais imaginados, porque as questões graves, aquelas que dizem respeito à responsabilidade, ao dever, são substituídas na juventude pelo *nem se estuda, nem se trabalha* e, pelos

DESALINHO
(Fig.) Estado daquilo que está fora de ordem; desarrumação, desordem, desconcerto.

UTILITARISMO
Atitude de quem regula a ação unicamente pelo interesse.

adultos, como pesado fardo que deve ser abandonado a qualquer momento.

A malcontida ânsia para alcançar as glórias de um momento, para conseguir aparecer no pódio de destaque, consome vidas que se poderiam dedicar a objetivos mais plenos da evolução.

A competição desenfreada e sem qualquer escrúpulo desvaira, anulando os menos resistentes e dando o triunfo, mesmo injusto, aos mais hábeis na arte da dissimulação, do parecer e do explorar...

Paira nas mentes e nos corações a impressão de que o mal prevalece, pois que se encontra em todo lugar, ao mesmo tempo que escasseiam os valores edificantes e as realizações da solidariedade.

Nada obstante, vige o bem menos visível, manifestam-se os atributos da honradez em diversos indivíduos e setores, laboram os missionários do bem, do progresso, da verdade.

Este é um período de crise, de transição, de descobertas de outros valores mais importantes, ainda não conseguidos. É natural que apresente essas tragédias inegáveis. No entanto, toda tempestade que destrói depura a atmosfera, modifica a estrutura existente, reverdece a Natureza, e a flora como a fauna ressurgem em exuberância.

O pântano ameaçador e responsável por miasmas pestíferos, assim como o charco pútrido não estão amaldiçoados, mas carentes de drenagem e ação benfazeja para transformar-se em jardim e pomar.

O solo desértico necessita de ser sulcado, adubado e experimentar alterações com água, a fim de produzir beleza e utilidade. Não existe no Universo a imobilidade. Tudo é movimento, que produz alteração de rota e esculpe futuras formas harmônicas.

DESVAIRAR
Alucinar-se, endoidecer.

MIASMA
Exalação pútrida que emana de animais ou vegetais em decomposição.

PESTÍFERO
Que causa dano, que corrompe; nocivo, pernicioso.

CHARCO
Água parada, rasa, suja e lodacenta que se espalha no chão.

Os cânions são trabalho paciente dos rios, dos ventos e do tempo.

Tudo se renova.

A vida não cessa de reproduzir-se em padrões primorosos...

CÂNION
Vale profundo e sinuoso que foi cavado por um curso de água.

❧

Confia no tempo e age com retidão.

Não te desanimem as paisagens morais do planeta, que se encontra em transformação, em viagem para mundo melhor.

Da inarmonia surgirá a ordem em níveis muito elevados, que ainda não podes perceber.

INARMONIA
Desarmonia, ausência de harmonia.

O processo atual é de experiências cósmicas com os seres humanos que ainda permanecem em faixas primitivas e estão sendo utilizados para o aprimoramento dos valores éticos.

Toda época de crise prenuncia conquistas valiosas para o futuro.

EXIMIR
Tornar(-se) isento; dispensar(-se), desobrigar(-se).

A reencarnação é Lei do processo evolutivo e ninguém dela se eximirá.

O mal de agora se torna fator fecundante do bem de amanhã.

MOUREJAR
Trabalhar muito (como um mouro); afainar(-se).

A flor perfumada que flutua na haste delicada tem as suas raízes no lodo.

Assim também te comporta, isto é: na situação deplorável em que mourejas, enfloresce, transforma o húmus em perfume e a água pútrida, como os vegetais, em madeira preciosa.

HÚMUS
Parte superior do solo caracterizada pela presença de grande quantidade de matérias de origem orgânica, predominantemente vegetal, decompostas ou em decomposição.

Insiste no culto dos teus deveres, mesmo quando te sintas a sós.

O teu exemplo terminará fecundando outras vidas.

São Francisco, na fase da sua despersonalização, em extrema penúria, era desprezado e chamavam-no louco.

PENÚRIA
Estado de extrema pobreza; miséria.

RENASCIMENTO
(M.q.) Renascença; movimento de renovação que despontou na Itália no século XV, difundindo-se por várias regiões da Europa, e que teve como principal característica a restauração dos valores da Antiguidade greco-romana. Inspirou-se nesses valores para fazer, no entanto, coisas novas. Repercutiu nas artes, na arquitetura e na literatura e, com seu novo espírito, proporcionou progressos em várias outras áreas, como na geografia, na cartografia, na medicina, na anatomia, no direito etc.

Insultado e perseguido, sensibilizou o rico Bernardo di Quintavalle e o poderoso monsenhor dei Cattani, que abandonaram tudo, elegeram a pobreza absoluta, e os chamavam, com desprezo, de loucos. Depois, o lenhador Egídio se lhes associou e com outros mais mudaram a história da Humanidade.

O *pobrezinho de Deus* fez-se o pai da ecologia moderna, preparou a cultura para o Renascimento, tornou-se modelo para Dante Alighieri, artistas, poetas, escritores, modeladores da Humanidade...

⚜

Confia n'Aquele que administra a Terra e a conduz com segurança da treva para a luz, do tumulto para o equilíbrio, do incêndio e da loucura para a harmonia e a beleza...

A vitória do bem é inevitável, e o triunfo sobre os sofrimentos será brevemente alcançado.

Faze tua parte, porque o Senhor realiza a que Lhe diz respeito, em favor da inalterada preponderância do Bem.

8
O MODO DE SER FELIZ

À medida que o ser humano foi superando as dominadoras necessidades básicas da vida, no rumo das emoções, do conhecimento, deu início ao esforço para a superação do sofrimento, para as comodidades existenciais, a conquista do bem-estar, a autorrealização no que denominamos como felicidade.

Ainda hoje, no entanto, são várias as facetas através das quais a felicidade se apresenta.

As diversas escolas de pensamento filosófico estabelecem regras e recomendações tanto no Oriente como no Ocidente, de acordo com o nível de evolução mental e emocional dos seus coevos.

Na Grécia, por exemplo, os pré-socráticos estabeleceram os fundamentos do que lhes parecia mais compatível com as necessidades vigentes, surgindo uma que outra vez, ou concomitantemente, filósofos que adotavam tal ou qual conduta como a mais eficaz para libertar o ser das aflições, auxiliá-lo no seu modo de ser feliz.

Predominaram por muito tempo, e ainda encontramos em pauta, comportamentos hedonistas, pessimistas, estoicos, sofistas com predominância daqueles de natureza ética, fundamentados no autoconhecimento.

COEVOS
(M.q.) Coetâneo. Que ou o que é da mesma idade; coevo.

Materialistas e espiritualistas travaram e prosseguem em longa batalha cultural e sociológica, a fim de manterem os seus fundamentos para que arrebanhem adeptos capazes de entregar-se-lhes em regime de totalidade.

Com o advento do Cristianismo, nos primeiros séculos, Espíritos de alta estirpe evolutiva estabeleceram regras severas a respeito do mundo e dos seus males, em razão dos conceitos existenciais em torno da vida na Terra. Em consequência, optaram por fugir dos seus perigos e paixões, buscando o insulamento, em tentativas de submeterem a matéria, maltratando-a ao talante da vontade.

Desde Antão, o extraordinário santo do deserto, que viveu mais de noventa anos em cavernas diferentes, ao terno Francisco de Assis, esse era o modo de ser dos veneráveis apóstolos do amor e da renúncia, na luta quase intérmina para a conquista do Reino dos Céus.

A evolução do pensamento demonstrou que não é a carne a responsável pelos danos que aturdem o Espírito e o encarceram no erro, no crime, nas ideologias perversas, mas é o ser em si mesmo, que se havendo permitido deslizes sob a ação nefanda do egoísmo, renasce assinalado pelas mazelas que o afligem.

A necessidade da reabilitação faz-se inevitável pelo sofrimento, pelas disciplinas impostas em favor da reeducação, mediante a construção do bem que dignifica e ergue a vítima, assim como ilumina o equivocado.

❧

O modo mais eficaz para ser-se feliz pode reduzir-se às duas solicitações que Jesus expôs durante a Sua jornada terrestre, e ainda permanecem desatendidas: *Amar ao próximo como a si mesmo e não lhe desejar o que não queira para si próprio.*

ARREBANHAR
Ajuntar, reunir em rebanho.

ESTIRPE
Categoria, classe, qualidade.

INSULAMENTO
Isolamento, solidão, insulação.

TALANTE
Disposição, esforço, empenho.

NEFANDO
Abominável, execrável, infando.

No amor encontra-se o jeito de cada qual ser realmente feliz.

A felicidade independe de valores externos, embora alguns contribuam para a harmonia do ser e o estabelecimento de conforto, de benefícios e de paz.

É também através de recursos especiais que é possível promover o indivíduo, auxiliar a sociedade a crescer, multiplicar as oficinas de trabalho, dar garantia de dignidade para a sobrevivência no corpo, proporcionar leis justas e diluir as arbitrariedades muito do agrado das humanas paixões dissolventes.

Todavia, é a consciência ilibada em decorrência do dever retamente cumprido que a proporciona sem qualquer restrição.

ILIBADO
Não tocado; sem mancha; puro.

O Espiritismo, nesse sentido, faculta o encontro com a consciência, mediante o autoencontro, auxiliando-o no entendimento das leis que regem a existência e que devem ser atendidas com o equilíbrio desejável.

A certeza da imortalidade da alma confere inefável alegria, por proporcionar a continuidade dos esforços íntimos para a completude de todas as aspirações.

INEFÁVEL
Encantador; indizível, delicioso.

O ser humano dignifica-se, sabendo que os seus labores e o seu modo de ser condigno não se diluem no fenômeno destrutivo da transformação orgânica pela disjunção molecular.

LABOR
(M.q.) Trabalho.

Desse modo, nunca meças esforço para superar-te cada dia, aspirando ao melhor, essa melhor parte a que se refere Jesus no diálogo com Maria e Marta na residência de seu irmão Lázaro, quando a primeira mantém-se em contemplação e aprendizagem das Suas lições, e a outra aturdida com as pequenezes do exterior, que são de significado secundário.

CONDIGNO
Devido, merecido, justo, adequado.

É necessário eleger-se a ação do bem, iniciando-se pela transformação moral para melhor, autenticidade de realizações edificantes e permanente espírito de abnegação.

Não faltarão aqueles que te verão com estranheza, porque estão fascinados com as miragens do prazer transitório e do mundo físico, a cada instante em contínua transformação.

Nunca te envergonhes, portanto, do teu modo de ser feliz, no sublime serviço do amor a Deus acima de todas as coisas e ao teu próximo como a ti mesmo.

Não há alternativa.

Afinal, somente o Amor tem a duração eterna, porque procede do Criador, cuja Obra é a mais extraordinária manifestação desse Amor.

Avança com a tua forma especial de ser e de servir, e não te constranjam as atitudes agressivas e atormentadas daqueles que se encontram enganados.

> **CONSTRANGER**
> Fazer perder ou perder o bom humor; incomodar(-se).

O modo de ser de Jesus foi amar em todas as circunstâncias, deixando as pegadas luminosas que, desde há dois mil anos, constituem o roteiro de segurança para a Humanidade, em grande parte desatenta aos Seus ensinamentos, buscando equivocadamente soluções externas para as necessidades internas.

Seja, pois, o teu modo de ser feliz aquele que o Amigo Divino te ofereceu como modelar, e nunca te aflijas, porque Ele estará contigo.

9

PROPOSTA DA VIDA

A proposta essencial da vida é a conquista do *deus interno* que jaz no íntimo do ser, aguardando.

Desde priscas eras, em face das revelações espirituais, o ser humano tomou conhecimento da sua realidade transpessoal. Percebeu que a existência é um breve jornadear entre o berço e o túmulo, originando-se na Esfera imortal para retornar com as aquisições acumuladas.

O predomínio, no entanto, da sua natureza animal sobre a essência espiritual manteve-o atado às paixões primevas características do processo evolutivo.

Reencarnando-se sucessivamente na esteira do tempo, vem transferindo de uma para outra etapa as realizações enobrecidas, enquanto se permite as extravagâncias da prepotência, do orgulho e do egoísmo.

Esquecendo-se da transitoriedade do vasilhame carnal, tem adiado o momento decisivo para a sua integração no objetivo primordial da existência, que é o autodescobrimento, e, consequentemente, a perfeita identificação com o Bem.

Mesmo na atualidade, embora as nobres conquistas da Ciência e da Tecnologia, com exceções compreensíveis, detém-se na ilusão dos prazeres, desperdiçando as valiosas contribuições do conhecimento da verdade.

JAZER
(Fig.) Permanecer, persistir, continuar.

PRISCO
Que pertence a tempos idos; antigo, velho.

TRANSPESSOAL
O ser humano na sua condição de Espírito eterno, além dos aspectos que envolvem a matéria.

PRIMORDIAL
Que é importante ou o mais importante; principal, básico, essencial.

Não têm faltado as informações hábeis para bem identificar que a felicidade independe da aparência, das quinquilharias que armazena, do poder temporal que logo passa.

QUINQUILHARIA
Algo sem importância; insignificância, ninharia.

Dominado pelos tormentos íntimos de que se poderia libertar, caso optasse pela íntima transformação moral para melhor, adia o momento da conquista do Reino dos Céus que se pode considerar como a harmonia interior, responsável pelo bem-estar e a real tranquilidade do coração.

Como consequência, vem acumulando mazelas que se lhe tornam fardo insuportável de ser conduzido.

Pensadores enobrecidos pelas ideias do amor, da ética, da paz têm proclamado a necessidade de mudança de comportamento, para que a existência tenha sentido psicológico, sem a necessidade do sofrimento.

Pairando, soberano, sobre todos, Jesus conviveu com a Humanidade, doando-se em holocausto de amor, a fim de que a dor desaparecesse da Terra, cedendo lugar à alegria e à solidariedade.

CELERIDADE
Característica do que é célere; agilidade, rapidez, velocidade.

Para um pouco na corrida desenfreada do prazer e pensa no teu amanhã.

Por mais demorada pareça a jornada física, ela transcorre com celeridade, depois que passa... Mesmo tentando-se ignorar o fenômeno biológico da morte, ele acerca-se e, quase de surpresa, convoca o deambulante carnal ao retorno, à Consciência Cósmica.

DEAMBULANTE
Aquele que anda, passeia.

Vive, desse modo, de tal forma, que possas olhar sempre para traz sem constrangimentos, sem vergonha dos atos ignóbeis praticados.

IGNÓBIL
Que não é nobre, que inspira horror do ponto de vista moral, de caráter vil, baixo.

O bem que possas e deves realizar, faze-o quanto antes.

Nunca te arrependerás pela mão estendida em auxílio ao irmão caído na estrada.

À medida que as sensações transformam-se em emoções, os sentimentos enobrecidos assomam e passam a predominar, proporcionando paz interior e saúde integral.

Os equipamentos físicos que te constituem a organização fisiológica, através da qual evoluis em espírito, são resultado das tuas construções morais e mentais, no que resulta cada qual ser o construtor do próprio destino.

Não revides, então, mal por mal, intoxicando a maquinaria de que te serves, com os perigosos venenos interiores.

Sê tu aquele que perdoa, que ajuda, que compreende.

Não faltam no mundo o cinismo e a provocação, a zombaria e as perseguições gratuitas, em razão do estágio moral do planeta, que é inferior, porque os seus habitantes, por enquanto, ainda são atrasados.

Ascende moralmente a patamares espirituais mais elevados e estarás contribuindo de maneira segura em favor da sociedade melhor e mais feliz.

ASCENDER
Elevar-se em dignidade, atingir determinada soma; montar.

Mesmo que te sintas sitiado pelas aflições internas, resultado dos fatores infelizes da conduta passada, não desistas da luta, buscando o concurso da oração, que te vinculará ao Divino Pensamento que te renovará, contribuindo com as forças necessárias à superação da circunstância.

Em qualquer situação, busca Jesus, fala-Lhe com a linguagem do coração, e Ele, que a todos nos ama, virá em teu socorro, contribuindo para a tua iluminação.

Velho adágio popular afirma que "a vida impõe, mas Deus dispõe".

A Divina disposição está exarada nas variadas formas de realizações que se te apresentam durante a caminhada evolutiva.

ADÁGIO
Sentença moral de origem popular; anexim, ditado, provérbio.

O erro de hoje se transforma em acerto amanhã, e as experiências amargas de difícil assimilação, com o tempo, fazem-se instrumentos de equilíbrio e manuais de como conviver com a própria consciência, sem as amarguras que se transformam em culpa, ressurgindo em novas reencarnações como necessidade de resgates dolorosos.

Ninguém consegue alcançar o pódio em forma de glória sem a sudorese abundante, as noites indormidas, os esforços gigantescos.

SUDORESE
Secreção de suor; transpiração.

Cada passo dado na direção do amanhã é vitória segura sobre as circunstâncias infelizes.

A tua vitória depende da perseverança nos objetivos que abraças e que te exigem sacrifício e abnegação.

O paraíso é construído nos solos modificados e produtores de felicidade, graças ao esforço e empenho de cada criatura.

Não esperes êxitos gratuitos, porque não existem.

Esforça-te, pois, para seres cada vez melhor, alcançando as paisagens rutilantes da verdade.

RUTILANTE
Que rutila; que fulgura ou resplandece com vivo esplendor; luzente, cintilante.

10

JÚBILOS E ÊXITOS

"Digno é o trabalhador do seu salário" – asseverou Jesus com veemência, ao analisar a situação daquele que se encontra na seara luminosa.

O júbilo decorrente do dever nobremente cumprido, após as fadigas sob o Sol inclemente ou a fúria das tempestades, representa o verdadeiro salário a que se faz jus.

É natural que se experimentem, na jornada e durante o cultivo da Sua seara, os desafios e as dores correspondentes às realizações em curso. Tendo-se em vista as condições do campo moral para joeirar, não são poucos os momentos de testemunhos em forma de dor, de solidão, de constrangimento.

Solo abandonado por largo período transforma-se em matagal perigoso ou em deserto onde a vida pereceu, impondo verdadeiros sacrifícios a todo aquele que o deva transformar em jardim ou pomar.

Uma observação rápida geralmente afirma que a dedicação à caridade, que a abnegação e o sacrifício pelo bem são sempre coroados pelo sofrimento, pela ingratidão das pessoas beneficiadas, por ser essa a lógica do mundo.

Em realidade, a obra de edificação de qualquer natureza é sempre caracterizada por grande esforço e padece, numa sociedade ainda atrasada moralmente, de lutas contínuas com

JÚBILO
Alegria extrema, grande contentamento; jubilação, regozijo.

JOEIRAR
Separar o joio do trigo com a joeira; separar (o mau) do bom, (o falso) do verdadeiro; aparar as arestas do caráter.

PERECER
Deixar de viver; morrer.

incessantes aflições. É compreensível que assim ocorra, tendo-se em vista a predominância do egoísmo e dos seus maléficos efeitos. O poder da natureza animal, com os seus instintos agressivos, induz o indivíduo à descrença nos valores éticos, nas bênçãos da ternura e nos efeitos sagrados do amor.

Porque parecem prevalecer o vulgar e os disparates de todo teor, pensam alguns inadvertidos que esse é o estado normal da sociedade, equivocando-se completamente, em razão da chispa divina que se encontra no ser humano, mesmo quando adormecido.

Os sofrimentos são sempre decorrentes de causas anteriores, senão da atual existência, de outras quando, ainda inconsciente das altas responsabilidades que lhe dizem respeito, o obreiro, não se entregando ao dever, permitiu-se condutas inomináveis, que são as verdadeiras geradoras dos futuros padecimentos.

Reencarnando-se para reparar, abençoado pelo serviço de solidariedade e de amor, mais fáceis são-lhe as provações, porque favorecidas pelos sentimentos de renovação íntima e de futuro bem-estar, mediante os quais se reabilita.

Nesse mister de reconstrução do mundo moral, não faltam testemunhos de fidelidade ao trabalho, em face da multidão de desvairados de ambos os planos da Vida que se comprazem na manutenção da desordem, do atraso e da perversidade social.

Pretendem, esses rebeldes, manter a situação nefasta, na qual se beneficiam, fruindo as energias saudáveis daqueles que lhes tombam nos engodos e exaurem-se em obsessões que se prolongam além do corpo físico...

Investem, furiosos, contra todos quantos se voltam para a edificação moral, para a beleza e a harmonia.

Atiram, invigilantes, outros perturbados que se lhes submetem, para que atuem contra os seus propósitos e preparam

---

INADVERTIDO
Não avisado; desavisado, distraído.

CHISPA
Centelha, faísca, lampejo.

MISTER
Trabalho; ofício.

DESVAIRADO
Que se desnorteou; desorientado, estonteado.

NEFASTO
Que pode trazer dano, prejuízo; desfavorável, nocivo, prejudicial.

ENGODO
Qualquer tipo de cilada, manobra ou ardil que vise a enganar, ludibriar outrem, induzindo-o a erro.

armadilhas para surpreender os bons lidadores, dificultando-
-lhes o labor dignificante.

Nada obstante, o Amor de Deus vigia e os Seus mensa-
geiros compassivos estão atentos no amparo aos fiéis servido-
res, inspirando-os e, ao mesmo tempo, socorrendo-os.

Desse modo, não receies as dores que fazem parte da
agenda evolutiva, certo de que tudo quanto te acontece, bem
administrado, será sempre para a tua plenitude.

⚜

Rejubila-te com o êxito dos empreendimentos que abraças em nome de Jesus.

REJUBILAR
Encher(-se) de
júbilo; alegrar(-se).

A alegria no serviço transforma-se em estímulo para o
seu prosseguimento.

Cuida, porém, de evitar as ilusões que acompanham as
glórias terrestres.

Onde estão os triunfadores de um dia do passado, os
conquistadores de impérios que pareciam invencíveis, os in-
trépidos e violentos governantes, temidos e aplaudidos entre
sorrisos de bajulação e articulações de ódios?

Revive, mentalmente, o poder das nações que domina-
ram o mundo do seu tempo, dos filósofos cínicos e dos cientistas mergulhados no materialismo, que decantavam o prazer,
dos vingadores perversos e constatarás que a morte a todos e a
tudo devorou.

Restam as narrativas a respeito das suas grandezas tem-
porárias, das suas misérias e glórias, odiados uns, esquecidos
outros, no entanto, vivos no Mais-além, em processos dolorosos de recuperação...

Tem cuidado com os ouropéis e as vaidades enganosas!

OUROPEL
(Fig.) Brilho falso;
esplendor aparente.

Permanece simples e gentil, em serviço de bondade, porque o êxito do servidor de Jesus é sobre as más inclinações,

transformando-as em tesouros de auxílio a si mesmo e ao seu próximo.

Agradece a Deus, que merece todo o resultado nobre das ações, e conscientiza-te da tua pequenez e fragilidade, mantendo-te em vigilância e em oração.

Uma existência física é sempre muito breve para a sublimação.

Alegra-te quando compreendido e cercado de carinho, mas não te olvides que a seara é do Cristo e para Ele transfere os resultados da tua ação, permanecendo em paz, sem significativa alteração no teu modo de ser e de viver.

Busca o silêncio interior, a fim de que o vozerio festivo do momento não te perturbe ou te faça perder o rumo.

Jesus sempre buscava a solidão após os momentos de júbilo e de êxito junto às criaturas sofridas e turbulentas.

Faze de igual maneira.

Interioriza-te e mantém-te sereno.

❦

A tarde ardente e alucinada em que Ele foi crucificado esteve precedida, poucos dias antes, pela Sua entrada triunfal em Jerusalém, quando procedente de Betânia.

Rejubila-te, porque amas e trabalhas com afinco para o êxito do Evangelho nas mentes e nos corações das demais criaturas.

SUBLIMAÇÃO
(Fig.) Ação de exaltar, engrandecer, exaltação, enaltecimento.

OLVIDAR
(M.q.) Esquecer-se.

PRECEDER
(M.q.) Anteceder.

AFINCO
Conduta firme; perseverança, insistência, aferro.

11

PENSAMENTOS E ENFERMIDADES

O grande físico alemão Albert Einstein, depois de laboriosa existência e de exaustivas conquistas na sua área científica, declarou que o amor é a quinta força do Universo.

O amor é de essência divina, assim se explica e, ao mesmo tempo, emite ondas de paz que envolvem tudo e todos aqueles que alcança.

Energia básica do Espírito, pode-se dizer que é a *alma da vida* e a finalidade plena a ser alcançada durante a existência.

A sua ausência no ser humano dá a dimensão do estado evolutivo em que ele se encontra e responde pela sua agressividade e ambições desvairadas.

À medida que o conhecimento moral se instala no indivíduo, a chispa divina amplia a potencialidade e domina a *casa mental*, proporcionando os pensamentos nobres.

O pensamento, em consequência, é a emissão daquilo a que aspira o Espírito e se transforma em cocriador no Cosmo.

O cultivo, pois, dos pensamentos éticos, edificantes, proporciona saúde, harmonia orgânica. O inverso responde pelos transtornos da emoção, os distúrbios fisiológicos, os desvios psicóticos.

COCRIADOR
Que cria algo em conjunto com outro(s).

SOMATIZAÇÃO
Transformação de distúrbios psíquicos em sintomas de ordem física ou em problemas psicossomáticos.

PSICONEUROENDO-CRINOIMUNOLOGIA
É o estudo das interações entre comportamento e os sistemas nervoso, endócrino e imunológico.

PERISPÍRITO
"O laço ou perispírito, que prende ao corpo o Espírito, é uma espécie de envoltório semimaterial. A morte é a destruição do invólucro mais grosseiro. O Espírito conserva o segundo, que lhe constitui um corpo etéreo, invisível para nós no estado normal, porém que pode tornar-se acidentalmente visível e mesmo tangível, como sucede no fenômeno das aparições." (KARDEC. O Livro dos Espíritos, 1994).

As somatizações são inevitáveis, porque não existe uma fronteira, uma linha divisória entre a mente e o corpo.

Constatando essa realidade, os cientistas criaram a psiconeuroendocrinoimunologia, por cujo estudo pode-se experienciar uma existência feliz ou desventurada, conforme sejam aplicados os conhecimentos que encerra.

A mente dispara o gatilho e o seu conteúdo vibratório, quando negativo, com emoções de ressentimento ou de ira, de inveja, de ciúme ou anseio de vingança, desarmonizará o sistema imunológico, eliminando as substâncias que lhe são próprias, com aberturas para a instalação de doenças.

De imediato, as glândulas endócrinas são impelidas a produzir hormônios compatíveis com a onda vibratória recebida, e amplia-se o distúrbio...

Naturalmente, a causa central de todas as aflições encontra-se arquivada no perispírito – o modelo organizador biológico –, que necessita apenas de romper as delicadas barreiras enérgicas que envolvem os órgãos.

Os procedimentos das existências passadas, inscritas no seu cerne, necessitadas de reparação, facultam as circunstâncias propiciatórias aos resgates e correções morais.

Desse modo, mesclam-se no surgimento das doenças, no transcurso da existência, a necessidade de purificação dos males praticados, as circunstâncias ambientais, sempre próprias para cada qual, assim como os sentimentos, as emoções morais.

Para uma existência saudável, é indispensável o pensamento gentil e nobre, que irá conectar-se aos órgãos físicos para contribuírem em favor da harmonia e da alegria de viver.

Para alcançar-se essa meta – a saúde integral –, tornam-se essenciais o autoamor, o respeito a si mesmo, os cuidados com a convivência íntima com o Si profundo.

Toda doença é sinalização de que algo não está bem no paciente, que deve procurar encontrar o desencadeador moral da problemática.

✤

Analisa os teus pensamentos serenamente, sem autoacusações nem desculpismos, essas justificativas falsas que muito comprazem os renitentes no erro.

É natural que enfrentes dificuldades para as mudanças das frequentes ondas mentais perturbadoras.

Sê simples e desataviado, não esperando conseguir além dos teus méritos. E se, por acaso, não fores compensado quanto gostarias, não transformes a frustração em amargura, ciúme e ressentimento.

Continua reconhecendo o teu valor sem a preocupação dos elogios inautênticos, as referências encomiásticas fúteis.

Consciente dos teus limites, aumenta a tua capacidade de serviço com amor e aguarda a bênção do tempo.

Tens o dever de libertar-te dos pensamentos viciosos, repetitivos, das queixas inócuas e das reclamações constantes.

Não existem exceções nas Leis de Deus e não seria o teu caso, algo especial, credor de retificação, numa deferência absurda.

O que consideras sofrimento é processo educativo para a alma que deve aceitar a ocorrência com paz, porque logo passa a prova. Não as existem intermináveis.

O orgulho que te maltrata e enferma é mecanismo de defesa, que trazes de existências remotas e manténs como forma de martírio pessoal.

A dor é ausência do amor que *cobre a multidão de pecados*. Isto é: luariza os padecimentos e enseja renovação pessoal sob o apoio da consciência.

COMPRAZER
Transigir espontaneamente, anuir voluntariamente.

RENITENTE
Que ou aquele que renite, que teima ou não se conforma; obstinado, pertinaz, inconformado.

DESATAVIADO
Que não tem ou de que se tiraram os atavios; desadornado, desenfeitado.

ENCOMIÁSTICO
Referente a encômio; elogio, gabo.

INÓCUO
Que não produz o efeito pretendido.

DEFERÊNCIA
Atenção, cuidado, interesse que uma pessoa dedica a outra.

LUARIZAR
Suavizar, amenizar.

BURLÃO
(M.q.) Burlador;
que ou aquele
que se utiliza de
recursos ilícitos
para alcançar seus
objetivos; trapacei-
ro, trampolineiro.

REINCIDIR
Repetir certo ato,
tornar a fazer
uma mesma coisa,
recair em.

GRAVAME
Ofensa pesa-
da; afronta,
agravo, injúria.

EXPIAÇÃO
A expiação é a
primeira conse-
quência da falta ou
crime praticado,
mediante a qual
a consciência do
criminoso acaba
por despertar para
o arrependimento.
Expiações, no hoje,
redundarão em paz
da consciência no
amanhã, quando
sofremos dentro
dos preceitos
evangélicos.

NOBILITANTE
Nobre, enobrecido.

Demais, a manutenção desse estado mórbido atrai Espíritos burlões uns e malfeitores outros, que passarão a confundir-te os sentimentos até perderes o rumo e deixar-te arrastar pelos artifícios perversos.

Renova-te sempre e a cada momento, crescendo interiormente e utilizando-te de cada experiência para não reincidires em gravames contra a vida.

Esquece a tua denominada forma de ser e aceita a recomendada pelo Evangelho de Jesus.

O teu pensamento é força poderosa que aguarda direcionamento.

Os indivíduos saudáveis são encantadores pela harmonia que resulta da aceitação da prova a que são submetidos, estimulam o sistema endocrínico para uma vivência imune a muitos fatores destrutivos, especialmente bactérias, vírus e outros micro-organismos perniciosos.

Quando, porém, estamos diante de expiações redentoras, as marcas impressas no organismo, após a jornada, serão substituídas por fontes de luz inapagável que assinalam a glória do Espírito imortal.

Em consequência, estuda o comportamento mental, a fim de não desencadeares provações que se encontram assinaladas, mas podem ser superadas através das ações nobilitantes a que te entregues.

Faze do teu pensamento uma fonte de energia edificante e viverás saudavelmente.

❖

Pelo pensamento, nas situações penosas, quando estiveres a ponto de fracassar, recorre à oração, que te vinculará ao Pai Criador.

Pensa na luz e banhar-te-ás de claridades.

Cultiva a escuridão, e a treva com os seus sequazes armarão ciladas contínuas para ti.

Jesus, pensando e amando, prossegue até hoje como o exemplo máximo de plenitude e de saúde integral.

SEQUAZ
Que ou aquele que segue, que acompanha; que ou aquele que comunga de algum ideal.

12

PONTE DE LUZ

Aquinhoado pela faculdade mediúnica, rejubila-te e aplica-a a serviço da finalidade a que se destina.

Rogaste a Deus a oportunidade de reabilitar-te de incontáveis desaires que te permitiste em jornadas pretéritas ao lado de crimes, alguns hediondos.

Por considerares a gravidade do comportamento, percebeste que a recuperação moral poderia dar-se pela colheita de sofrimentos defluentes dos gravames cometidos, como normalmente acontece.

Podias, no entanto, eleger os fenômenos tormentosos das enfermidades dilaceradoras, dos padecimentos morais que produzem consumpção interna, dos delicados mecanismos da solidão e das perseguições implacáveis das tuas vítimas, em rudes obsessões, afastando-te da trilha do equilíbrio e dos deveres a que te vinculas. Também descobriste que o amor anula o ódio, *a multidão de pecados*, e as bênçãos da caridade diluem as construções do mal, pelo proporcionar da paz onde quer que se apresente.

Sob a inspiração do teu anjo tutelar, elegeste a mediunidade, a fim de manteres intercâmbio seguro com a Esfera imortal, de modo que não olvidasses a tua procedência.

AQUINHOADO
(Fig.) Favorecido, contemplado.

DESAIRE
Ato vergonhoso, desdouro, vexame.

IMPLACÁVEL
Incapaz de perdoar; inflexível.

TUTELAR
Protetor, defensor.

Concomitantemente, compreendeste que poderias reparar o mal através do bem, recuperando-te dos deslizes graves.

Antes do renascimento, passaste pelas regiões de sombra e de dor, onde foste resgatado e conduzido para educandários de regeneração, a fim de treinares bondade e reorganização das paisagens mentais e morais.

Conquistaste, desse modo, a misericórdia da faculdade mediúnica, a princípio atormentada pelos conflitos que te ressumavam, como é natural, de modo a trabalhares os valores éticos que te facultassem a sintonia com a Erraticidade superior de onde procedem a inspiração e a diretriz do trabalho.

ERRATICIDADE Estado dos Espíritos não encarnados, durante o intervalo de suas existências corpóreas.

Naturalmente, como efeito dos danos que a ti próprio causaste, foste programado com alguns problemas que te demonstrariam a própria fragilidade, a expressar-se em dores de vário porte. Mediante a conjuntura aflitiva, sentiste necessidade de buscar a harmonia, e a mediunidade distendeu-te os valiosos recursos para a ação do inefável bem.

Nada permanece no Universo fora das Leis de Equilíbrio, especialmente os acontecimentos morais que são de primacial importância no desenvolvimento do ser espiritual.

PRIMACIAL Em que há, ou a que se atribui primazia; primordial.

Esforça-te por aprimorar a aptidão orgânica ao teu alcance, por intermédio da tua automoralização, a fim de equipar-te dos valiosos recursos do amor, para a enfermagem da iluminação dos Espíritos infelizes. Não somente daqueles aos quais prejudicaste, assim como também de outros irmãos desafortunados, que pululam em volta da Terra.

PULULAR Multiplicar-se rápida e abundantemente.

Cada contribuição iluminativa que lhes ofertes, acenderá uma estrela na noite imemorial do teu processo evolutivo.

IMEMORIAL De que não há memória por ser muito antigo; imemoriável.

Desse modo, serve sem enfado, alegre e jovial, pela honra da autoedificação.

⚜

SEJA FELIZ HOJE

Os sofrimentos que te excruciam lapidam as imperfeições espirituais que carregas nos refolhos do ser. Não reclames. Eles são necessários para a tua quitação de débitos perante as Leis Cósmicas. Evita pensar que jamais se acabarão.

Contempla o algoz deste momento, quando defrontado por ele, em atitude que te dilacera a alma, mediante a compaixão em seu favor.

Aprende, com a sua indignação, paciência e misericórdia. Os impulsos agressivos são a catarse de dramas íntimos que ele não sabe identificar e os expele como lava de vulcão que explode para renovar a paisagem.

Tu sabes que ele é vítima das circunstâncias que o aturdem com os seus conflitos camuflados e de alta gravidade.

Usa a mediunidade, nesses momentos, olha o agressor e, compadecido, envolve-o em preces.

Não discutas, porque ele se encontra fora de si, sem raciocínio lúcido nem discernimento, não raro sob ação de perversos adversários que lhe conspiram contra a harmonia e a felicidade.

Trata-se de alguém perdido no matagal e que necessita gritar por socorro sem saber sequer como fazê-lo.

A mediunidade de que és objeto diminui a carga dos agressores, porque, ao se utilizarem das tuas energias, diminuem o impacto da alucinação.

Continua na tua condição de ponte de luz.

No diário já elegeste recuperar vidas, e esse fenômeno de amor é também mediúnico, porque as tuas forças são utilizadas pelos benfeitores espirituais, a fim de auxiliarem essas aves implumes que agasalhas no ninho do coração.

Todo fenômeno mediúnico é de natureza específica na área das afinidades. Portanto, de acordo com a sintonia com Jesus, tornas-te cireneu, auxiliando os irmãos do Calvário a conduzirem a sua cruz libertadora.

EXCRUCIAR
Atormentar(-se), martirizar(-se).

REFOLHO
(Fig.) Parte mais profunda, mais secreta da alma.

ALGOZ
Indivíduo cruel, de maus instintos; atormentador, assassino.

EXPELIR
Expulsar, arremessar.

IMPLUME
Que ainda não possui penas ou plumas; sem plumas.

CIRENEU
(Fig.) Que ou o que ajuda ou colabora, especialmente em trabalho difícil.

Mergulha, pois, nas Fontes Inexauríveis do Amor de Deus em teu mundo íntimo, dulcifica-te, ajuda e frui a felicidade da reabilitação.

Prossegue sem desânimo, nem qualquer tipo de temor.

A mediunidade é concessão divina para propiciar o crescimento do espírito, para exercer a beneficência, autoiluminando-se.

Ao conduzi-la com harmonia íntima, estarás sempre médium, e não apenas o serás nos momentos especiais dedicados ao seu exercício.

Derruba quaisquer impedimentos ambientais, físicos, emocionais e psíquicos, e prossegue ponte de luz a serviço do Amor.

A sociedade que tantas glórias alcançou na área da Ciência e da Tecnologia, ao conquistar o amor, prepara-se para ampliar os recursos das faculdades mediúnicas, a fim de que as cortinas densas que se interpõem entre as Esferas, física e espiritual, sejam diluídas e permitam o trânsito com ampla facilidade para ambas.

Não fujas às lutas redentoras, porque elas sempre estarão à tua frente à espera de atendimento.

Toma como modelo Jesus, o Médium de Deus, e deixa que transitem pela tua ponte os *filhos da agonia* sob a proteção dos excelsos guias da Humanidade.

13

CONFLITOS

Sociável, o ser humano se encontra equipado de instrumentos necessários à comunhão fraternal através dos seus relacionamentos. Todavia, herdeiro da agressividade que nele vigeu nos primórdios da evolução, prossegue com certa prepotência no instinto de conservação da vida, tornando-se, com frequência, hostil e violento.

Invariavelmente permanece armado em relação ao próximo, duvidando dos valores morais que servem de roteiro a todas as vidas, quando seria ideal encontrar-se aberto à afetividade para tornar-se amado.

Mesmo sendo gentil, toda vez quando se sente incompreendido, logo pensa que poderá ser exterminado, e de imediato dispõe-se a reagir, no processo inconsciente de eliminar aquele que se lhe apresenta como ameaça à sua existência.

Acreditando-se injustiçado, quando a agressão de que é vítima não procede, por faltarem os elementos que a poderiam justificar, tomba no revide, conforme as circunstâncias e os recursos de que dispõe.

Utiliza-se, então, de acusações indébitas, de calúnias, mediante as quais procura punir o opositor, e crê estar atendendo ao dever da consciência saudável. Nos seus padrões de lucidez, acredita que a sua defesa é uma necessidade, permitindo-se, então,

HOSTIL
Que revela agressividade; ameaçador; que manifesta má vontade; pouco acolhedor.

DIVALDO FRANCO • JOANNA DE ÂNGELIS

a utilização de recursos procedentes ou não, como vingança ou, na sua visão distorcida, justiça reparadora.

Em decorrência, o conflito se lhe instala, porque lhe falta segurança íntima em torno dos próprios valores, liberando o medo que escamoteia com habilidade, desse modo compensando-se com as atitudes de agressividade. Ressalta-se que existem os pequenos e os grandes conflitos, que resultam do volume de pacientes que explodem ante as ocorrências para as quais não têm resistências morais para enfrentá-las com serenidade.

ESCAMOTEAR
Fazer com que (algo) desapareça sem que ninguém perceba; encobrir (algo) com rodeios ou subterfúgios.

Noutras circunstâncias, a depender do significado daquilo que considera como ofensa, passa às reações semelhantes que no outro censura, culminando em lutas corporais, crimes hediondos e guerras infelizes...

A ignorância das Divinas Leis, que programam as existências humanas de acordo com as suas próprias ações, responde pela prepotência que facilmente comanda o comportamento social.

Transferindo-se de uma para outra existência no carreiro das reencarnações, o conflito domina a vida íntima, devorando, não poucas vezes, as aspirações da beleza, do progresso, das realizações dignificadoras da sociedade.

Todos os indivíduos experimentam conflitos, sofrem situações conflitivas que os afligem. Fazem parte do processo evolutivo.

INJUNÇÃO
Influência coercitiva; pressão; exigência, imposição.

Desde o momento, porém, que se deem conta do transtorno na área emocional, procure-se enfrentá-lo com naturalidade e, de imediato, começam a diluir-se os fatores causais, vencendo-se a injunção momentânea.

GÊNESE
(Fig.) Conjunto de fatores ou elementos que contribuíram para produzir alguma coisa; origem.

Para que assim possam proceder, faz-se necessário ver o conflito com amor, entendê-lo na sua gênese, treinando paciência e confiança em Deus.

⚜

Jesus asseverou com propriedade: *(...) No mundo tereis aflições; mas tende bom ânimo, eu venci o mundo.*[2]

Portadora de profundo sentido é a Sua assertiva, por ensejar a reflexão de que a Terra é uma escola de aprendizagem transitória e a luta que se trava tem como objetivo a vitória sobre todas as paixões vis.

A maioria das criaturas humanas, no entanto, desde a infância é educada equivocadamente para vencer no mundo, isto é: triunfar no palco das apresentações competitivas, tornar-se destaque, fruir prazeres inexauríveis, desfrutar de todos os gozos. A imortalidade não encontra campo para desenvolver-se e a questão da vida após a morte é deixada à margem, como se a ocorrência pudesse ser evitada ou não existisse...

Quando algo não concorre para esse imediato desiderato, permite-se o conflito que se lhe assenhoreia e produz-lhe sofrimento.

Caso opte pelo trabalho de autorrealização, o que equivale dizer: incessante labor para enfrentar as ocorrências menos agradáveis com certo grau de misericórdia, superar o egoísmo e considerar que as alegrias transitórias são necessárias, mas não as únicas manifestações que proporcionam plenitude, estará vencendo o mundo.

Jesus experimentou a hostilidade gratuita e contínua de todos aqueles que se Lhe opunham, a perseguição sistemática, a zombaria e o desagrado, mas não se deixou afetar pela belicosidade dos Seus adversários, e, por essa razão, superou-os.

Levado ao sacrifício, manteve-se sereno e permitiu-se o holocausto, vencendo a hediondez dos conflitos coletivos que geraram os ódios e a violência contra Ele através da misericórdia e da compaixão.

VIL
Que inspira desprezo, não tem dignidade; abjeto, desprezível, indigno, infame.

INEXAURÍVEL
Inesgotável; abundante; copioso.

DESIDERATO
O que se deseja; aspiração.

BELICOSIDADE
Característica do que é belicoso; o que tem inclinação para a guerra; que apresenta comportamento agressivo.

---

2. João, 16:33 (nota da autora espiritual).

DIVALDO FRANCO • JOANNA DE ÂNGELIS

LÍDIMO
Reconhecido como legítimo, autêntico.

ÁDITO
(Fig.) Recanto secreto, reservado; santuário.

TORPE
Que causa repulsa; infame, indecente, ignóbil.

Por enquanto não existe lugar na Terra para os sentimentos nobres permanecerem, mas já se anunciam as horas em que a lídima fraternidade será instalada no ádito dos corações humanos, dando lugar à sociedade melhor e mais feliz do futuro.

Permite-te fazer parte desse grupo de obreiros do Senhor que modificarão as paisagens torpes dos sofrimentos, abrindo espaço à felicidade e superando a tirania dos perversos e malfeitores.

No Seu inabordável sacrifício, Jesus fez-se exemplo para todos os que vieram depois e permanece como lição viva do não tormento.

❦

EQUACIONAR
Orientar (solução), para conduzir a solução.

Ante os conflitos que te aturdem e afligem, trabalha o *ego* e desenvolve o sentimento de amor, mantendo serenidade em todas as situações em que te encontres, e perceberás que para vencer no mundo não faltam os contributos da traição, da violência e do desrespeito às leis. No entanto, para vencer o mundo e os seus conflitos, a presença de Jesus na mente e na emoção bastará para equacionar os desafios.

14

SEGURANÇA EM DEUS

A existência terrestre é uma formosa concessão do Pai Celeste, a fim de que se desenvolvam os valores adormecidos no cerne do Espírito, desse modo, sofrendo alterações imprevisíveis e ocorrências perturbadoras durante o processo de evolução.

Por mais se anele por tranquilidade, o mecanismo a que se está submetido é dinâmico, sujeito a variações de cada constituição. Num momento, tudo se encontra em ordem, funciona com equilíbrio, logo depois, alterações significativas modificam o quadro e estabelecem-se distúrbios variados que necessitam de atenção e de correspondentes cuidados especiais.

Por esta razão, não descoroçoes na jornada, quando incidentes desagradáveis te surpreenderem em qualquer área do comportamento da saúde ou em outro qualquer que se te apresente.

Mantém-te firme no enfrentamento das dificuldades e dores, das quais sairás mais forte e enriquecido de sabedoria.

O vendaval fortalece as ramagens das plantas que se lhe submetem. Depois que passa a tempestade, recompõem-se com vigor.

Nunca te permitas a dúvida sobre a vitória final enquanto transitas na divina oportunidade da reencarnação.

CERNE
Parte central ou essencial de; âmago, centro, íntimo.

ANELAR
Desejar ardentemente; ansiar.

DESCOROÇOAR
Tirar ou perder a coragem; acovardar(-se).

Quem teme a luta ou desiste, ou se entrega à autocompaixão, compromete-se mais, sem dar-se conta, com os códigos da Vida.

A história de todo triunfador é feita com a perseverança no bom combate, mediante a repetição da aprendizagem, sem nunca deixar de insistir e de tentar. Todavia, esse triunfo tem origem no comportamento íntimo, quando o lutador vence as paixões servis que o atormentam...

À medida que o aparente insucesso ocorre, a viagem para dentro do ser, através da reflexão e da irrestrita confiança em Deus, impulsiona-o para novas tentativas das quais resultará o êxito.

Vigia as *nascentes do coração*, de onde brotam os bons como os maus sentimentos, e fortalece-te na fixação das metas que pretendes alcançar.

Não te importem os efeitos exteriores, os comentários em torno dos prejuízos, o ridículo dos frívolos ou qualquer outro fator que produza inquietação.

FRÍVOLO
Que é ou tem pouca importância; inconsistente, superficial.

Persiste na ideia do bem que vieste vivenciar e esparzir, tornando a tua existência uma jornada prazerosa, mesmo quando o sol da alegria esteja encoberto por nuvens carregadas de aflição. Sabes que, além delas, o Astro-rei permanece inalterável.

Estás convidado à execução do programa de amor e de revitalização da prosperidade moral e espiritual das criaturas e do planeta que habitas.

Iludidas, essas criaturas correm em desespero, em busca do gozo que o consumismo proporciona, sem o menor conhecimento da realidade de imortais que são.

Acende no seu íntimo a luz do discernimento para libertá-las da ignorância, a fim de que se permitam o correto direcionamento existencial.

Certamente enfrentarás dificuldades, entre as quais a fragilidade orgânica, efeito natural das tuas ações transatas, que se apresentam como provas e sofrimentos.

Não as valorizes demasiadamente, detendo-te nelas sem a coragem para seguir adiante.

⚜

O modelo irretocável a seguir é sempre Jesus.

Na modesta região da Galileia, que padecia sob o guante de muitos preconceitos, Ele optou pelos pobres e oprimidos, elegeu os mais degradados, a fim de os reabilitar e proporcionar-lhes os meios de sonhar e conseguir a felicidade que lhes era madrasta perversa.

Incompreendido, Ele descia aos abismos morais em que se comprazam e os erguia ao planalto da esperança no qual fruíam paz.

Sem qualquer receio, dedicou-se a atender a mulher aturdida, enredada em situações deploráveis, em que se encontrava sem receber a mínima consideração.

Adúltera ou obsidiada, d'Ele recebeu a inefável ternura que a dignificou, demonstrou quanto era merecedora da oportunidade de soerguimento. Enquanto todos se voltavam contra os seus equívocos, Ele a socorreu, por saber que ela era vítima das circunstâncias opressoras e do desprezo que experimentava.

Foi, desse modo, o libertador da escravidão feminina, que soube corresponder ao Seu afeto, porquanto algumas delas O acompanharam na via dolorosa, na cruz, e uma que fora vítima da perversidade da treva implacável e d'Ele recebeu amparo, tornou-se portadora do mérito de anunciar-Lhe a ressurreição.

IRRETOCÁVEL
Que não exige retoque; acabado, perfeito.

GUANTE
Luva de ferro da armadura antiga; manopla; (fig.) autoridade despótica, implacável; mão de ferro.

A partir d'Ele a mulher começou a sair do cárcere dos preconceitos para alcançar na atualidade a governança de nações e povos.

Busca imitá-lO.

Elege os abandonados, os tristes e sofridos, aqueles que perderam praticamente tudo, menos o direito de receber o amor e a luz da caridade. São nossos irmãos do carreiro da agonia, que desconhecem a ventura da dignidade e do respeito, extraviados do caminho redentor que proporciona a conquista da sabedoria. Amargurados, nunca experimentaram o prazer de receber afeição ou apoio, normalmente açoitados pela ventania das incompreensões e empurrados para os pântanos do desespero em que se encontram.

✠

Permanece, portanto, na segurança em Deus e n'Ele confia, deixando-te conduzir.

Ele sempre estará ao teu lado, mesmo quando não buscado. Embora ignorado, Ele é o hálito da Vida em tua vida.

Portanto, no momento em que te encontres combalido, sob os fórceps dos testemunhos, deixa-te conduzir por Ele, que é a Meta Sublime em cuja direção rumas no fatalismo da evolução.

COMBALIDO
Enfraquecido, deprimido, desanimado, sem forças morais.

FÓRCEPS
Instrumento cirúrgicos para extrações; (fig.) tenaz; difícil de eliminar, de debelar; muito firme.

15

LIBERTAÇÃO

Há uma escravidão muito mais grave do que aquela de natureza política e social, que impede a faculdade de ir e vir, de comunicar-se com as demais pessoas e fruir os direitos humanos em plena liberdade.

Silenciosa e perversa, castiga de maneira inclemente as suas vítimas e dilacera-lhes os sentimentos enquanto rouba-lhes a paz.

Tanto fustiga o ser poderoso quanto aquele que se vê atirado a situações de dependência do alheio socorro. Não raro, apresenta-se na criatura gentil e amável para com os estranhos, que se transforma em tirano doméstico, responsável por graves e molestas condutas.

Esse escravagista é o apego às coisas e pessoas, paixão detestável que se deriva do egoísmo infeliz.

Equivocadamente, o indivíduo que lhe sofre a constrição acredita que a posse proporciona-lhe situação de privilégio e passa a lutar para amealhar avidamente tudo quanto se lhe encontra ao alcance.

Faz-se avaro e olvida-se dos comezinhos sentimentos da solidariedade que se encarrega de multiplicar os bens, porque, através da sua ação, quanto mais reparte, mais possui.

FUSTIGAR
(Fig.) Maltratar moralmente; afligir, atormentar, mortificar.

MOLESTO
Que causa incômodo e aborrecimento; nocivo, prejudicial.

CONSTRIÇÃO
Ação ou resultado de constringir; aperto, compressão; constrangimento.

AMEALHAR
(Fig.) Acumular, juntar, enriquecer a existência com.

OLVIDAR
Perder a memória de, esquecer(-se).

Sempre temendo o futuro, supõe que o acúmulo de moedas e de quaisquer outros objetos, incluindo os de valor contábil, faculta-lhe segurança, com total esquecimento de que se encontra em um mundo transitório, em que a relatividade e a incerteza predominam e alteram as mais meticulosas programações.

A situação invejável de hoje se modifica sem aviso prévio, e o destaque de agora se converte em padecimento logo mais. De igual maneira, a desdita e o desespero de certo momento transformam-se em júbilo e tranquilidade logo mais.

Sê cuidadoso na aquisição de recursos para uma existência saudável e uma velhice menos preocupada, no entanto, não te permitas perturbar pelo desenfreado anseio da posse, que termina por possuir aquele que se lhe entrega.

Considera que todos esses valores a que atribuis poder têm-no porque assim o consideras.

Disfarçado, o egoísmo impõe-se-te, irrefreado, e apaixonas-te por conquistas de recursos, de animais e de pessoas que seguem no rumo das experiências evolutivas.

Cuida de ser livre dos grilhões do que tens momentaneamente e usas sem cessar, não sendo usado pelo constrangimento desses torpes componentes da vida física.

Liberta-te da avareza, e faze ao teu próximo o que gostarias que ele te fizesse, e sê generoso.

❧

Com incomum sabedoria, Jesus propôs: *Busca primeiro o Reino de Deus, e sua justiça e tudo mais te será acrescentado.*

Quando se elege o importante e legítimo, aquilo que tem sabor de imortalidade, tudo mais se torna de significado secundário.

PADECIMENTO
Ato ou resultado de padecer; dor, sofrimento.

DESDITA
Má sorte, infortúnio, desgraça.

JÚBILO
Alegria extrema, grande contentamento; jubilação, regozijo.

IRREFREADO
Que não se pode ou não se deve refrear ou reprimir.

GRILHÃO
(Fig.) Ligação imaterial que suprime a liberdade de alguém; laço, peia, prisão.

TORPE
Que contraria ou fere os bons costumes, a decência, a moral; que revela caráter vil; ignóbil, indecoroso, infame.

É inevitável deixares tudo, inclusive o invólucro carnal através do fenômeno biológico da morte.

Dedicando-te ao Reino de Deus, a tua existência adorna-se de beleza e de significado psicológico. Não será necessário que fujas do mundo, mas que saibas viver na sociedade, respeitando-lhe os padrões de comportamento, com a preservação do sentido moral e ético estabelecido pelo Evangelho.

O que deténs fica, o que és segue contigo.

Valoriza os recursos pela sua utilidade e as posses econômicas na condição da sua indispensabilidade para fomentar o progresso humano e diminuir as aflições que assolam os irmãos sob os camartelos de duras provas e expiações redentoras.

Não submetas ninguém aos teus caprichos em consequência do enganoso poder temporal que logo mais perderás.

Ama e liberta o ser que te fascina, a fim de que ele seja feliz conforme as próprias necessidades e não as tuas vãs aspirações.

Aprende a ser feliz com o de que dispões, libera qualquer tipo de excesso em benefício dos que sofrem carência e se encontram em necessidade.

Alegra-te com a honra de repartir, de poderes servir e, quando haja dúvida na forma de agir, pensa na possibilidade de que poderias ser aquele que ora te solicita. Faze, então, o que anelarias receber.

Acende a luz do bem onde estejas, com quem te encontres, em todo lugar.

Liberta-te do apego, a fim de transitares em paz e poderes alçar voos de plenitude.

Começa exercitando o verbo servir nas tuas experiências diárias, mediante gestos simples de simpatia, até conseguires a doação de tudo que retém na retaguarda.

INVÓLUCRO
Aquilo que serve ou é usado para envolver, cobrir; envoltório.

ASSOLAR
Pôr em grande aflição; consternar, agoniar.

CAMARTELO
Espécie de martelo, pouco menor que uma marreta, com uma das extremidades achatada e a outra em forma de gume ou ponta, especialmente destinada a picar ou picotar paredes e pedras.

VÃO
Que não tem conteúdo; vazio, oco.

ASPIRAÇÃO
(Fig.) Desejo profundo de atingir uma meta material ou espiritual; sonho, ambição.

ANELAR
(Por ext.) Desejar ardentemente; ansiar, almejar, aspirar.

DIVALDO FRANCO • JOANNA DE ÂNGELIS

Verdadeiramente livre é aquele que, em qualquer condição, encontra-se feliz e pleno, sem medo do futuro nem angústias do presente.

Essa conquista, verdadeiro tesouro, somente se consegue através da renovação interior para melhor e do hábito e exercício da solidariedade humana.

❦

A liberdade externa tem sido meta relevante da sociedade na superação dos preconceitos e privilégios infelizes, impostos pela estupidez ancestral de superioridade de classes sociais, de credos, de posses em luta pela igualdade de todas as criaturas humanas.

Não te satisfaças, porém, somente com esta conquista.

Vai além. Sê livre do egoísmo e de suas mazelas perturbadoras.

Viverás além da morte e te utilizarás dos tesouros de amor que consigas acumular na transitória jornada carnal.

CREDO
(Por ext.) Conjunto de princípios, normas, preceitos, crenças por que se pauta uma pessoa, uma comunidade, seita, partido etc.

MAZELA
(Fig.) Tudo que aflige ou molesta; adversidade.

16

SAUDADE DE JESUS

No tumulto que assola em toda parte no planeta terrestre desequilibrando o comportamento humano, parece não haver espaço para a harmonia, tampouco segurança para a vivência espiritual que dignifica e tranquiliza o Espírito.

As distrações confraternizam com as tragédias, e os sorrisos misturam-se às lágrimas numa paisagem de ilusão e dor que empurra suas vítimas para o desencanto, a saturação, o empobrecimento moral, o vazio existencial.

Multiplicam-se, assustadoramente, os agentes da hipnose do consumismo em fuga espetacular da realidade, transformando-se em mecanismos impotentes para preencher as lacunas da alma sedenta de paz.

Ignorando-se como adquirir a harmonia íntima, a avalanche dos prazeres apresenta-se como a melhor maneira de desfrutar-se das horas que se vivem, não conseguindo, porém, proporcionar bem-estar por causa da sua fugacidade.

Há número incontável de pessoas que não possuem, porque desconhecem, o sentido profundo da reencarnação, encantam-se com essas fantasias que logo são substituídas por outras, ansiosas e instáveis, que desaparecem na voragem dos conflitos em que sucumbem sem consciência do que lhes acontece.

LACUNA
Espaço vazio, real ou imaginário; falha, falta.

AVALANCHE
(Fig.) Tudo o que arremete ou invade com ímpeto.

FUGACIDADE
(Fig.) Característica do que é transitório, passageiro, do que não perdura; transitoriedade, efemeridade.

VORAGEM
Grande profundeza; abismo.

FUGIDIO
(Fig.) Que não tem duração; fugaz, efêmero.

AFICIONADO
Que ou o que é afeiçoado, entusiasta, simpatizante de.

AÇÃO
Título ou documento de propriedade, negociável e transmissível, representativo de uma fração desse capital; papel.

TÍTULO
(Por ext.) Qualquer papel ou certificado, nominativo ou ao portador, representativo de valor mobiliário (ação, apólice da dívida pública, letra de câmbio, nota promissória etc.).

BOLSA
Instituição pública ou privada, conforme o país, em que se negociam fundos públicos, ações e obrigações de companhias, títulos de crédito, mercadorias etc.

AQUINHOADO
Que recebeu quinhão; contemplado.

IMO
O âmago, o íntimo.

Os espetáculos do gozo imediato e fugidio apresentam-se sempre multiplicados, atraindo aficionados que se tornam vítimas do seu fascínio, logo transformado em solidão e mentira.

Os deuses da economia alertam e aprisionam os apaixonados pelo ter e pelo poder nos seus cofres e máquinas de ações e de títulos, entusiasmando-os a ponto de se escravizarem aos jogos das bolsas e negócios variáveis que propóem, segundo eles, a felicidade.

Firmam o conceito de que aqueles que são aquinhoados com a fortuna desfrutam da plenitude porque podem adquirir tudo quanto ambicionam.

Paraísos de indescritível beleza são-lhes oferecidos para os períodos de férias ou as permanentes férias, com a ausência dos sentimentos elevados.

Olvidam que dinheiro nenhum consegue apagar a culpa no imo, oferecer afeto real e de profundidade.

Somente quando a razão abraça a emoção em perfeita identidade de propósitos, é que se pode experimentar a plenitude, que não tem a aparência das satisfações fisiológicas e das apresentações exteriores em que o orgulho e a presunção destacam-se na sociedade.

O homem e a mulher necessitam de ideais engrandecedores para nutrir-se e crescer interiormente.

As aspirações meramente materiais, as que promovem o exterior, assim que conseguidas, perdem o sentido e os abandonam sem consideração.

É nesse sentido que o Evangelho faz falta à sociedade moderna.

⚜

Quanta saudade de Jesus!

A Sua mensagem de ternura e amor, repassada de misericórdia, possui o condão mágico de alterar o significado de todas as existências.

A ingenuidade inserta na sabedoria dos Seus ensinamentos é um poema de atualidade em todos os tempos, que comove, propicia equilíbrio e restaura a compreensão dos deveres que a todos cabe desempenhar.

Porque elegeu os infelizes, ergueu-os do caos em que se encontravam ao planalto da dignidade libertadora, fez-se o mais desafiador exemplo de bondade que o mundo conheceu e tornou-se modelo para incontáveis discípulos fascinados pelo Seu exemplo, que tentaram repetir a incomparável façanha da compaixão e da caridade.

Revolucionou as convicções, nas quais predominavam o ódio e a vingança, e estabeleceu que o amor e o perdão constituem os elementos, únicos, aliás, para a completude individual e coletiva.

Utilizou-se de palavras simples para explicar os dramas complexos, assim como de imagens do cotidiano para elucidar os enigmas dos comportamentos em desvario que predominavam, e ninguém jamais falou conforme Ele o fez, emoldurando as palavras com as ações candentes da compreensão do sofrimento humano.

Ninguém que valorizasse a pobreza e os testemunhos de dor como instrumentos de elevação moral como Ele o fez.

Nestes dias de complexas angústias, não são diferentes as aflições que necessitam da presença e do socorro de Jesus.

Pode-se afirmar que são mais afligentes, em razão das circunstâncias culturais e comportamentos alienantes, dos desafios e dos impositivos enfrentados, dos interesses em jogo sob o domínio do *ego*.

Todos esses fatores, porém, têm as suas raízes no cerne do Espírito, resultado do seu atraso moral, dos atos reprocháveis,

CONDÃO
Capacidade, faculdade, poder.

INSERTAR
(M.q.) Inserir.

FAÇANHA
(Por ext.) Ação excepcional que ultrapassa os limites habituais.

COMPLETUDE
Estado, condição ou qualidade do que é completo, perfeito, acabado.

CANDENTE
(Fig.) Muito intenso; entusiasmado, ardoroso, apaixonado.

CERNE
(Fig.) Parte central ou essencial de; âmago, centro, íntimo.

REPROCHÁVEL
Que é digno de reproche, de censura, de admoestação.

LENIFICAR
(M.q.) Lenir; tornar mais fácil de suportar; aliviar, lenificar, suavizar.

DEAMBULANTE
Que anda à toa, a esmo; que vagueia.

IMORREDOURO
Não morredouro; que não morre; eterno, imortal; muito duradouro; constante.

ENXAMEAR
Juntar-se em grande número; apinhar-se, aglomerar-se.

do descaso pelos valores dignificantes que devem servir de roteiro seguro para a evolução.

Ante a ausência dos afetos que lenificam as aflições morais, dos desastres resultantes dos vícios e prisões emocionais, a figura inolvidável do Rabi faz muita falta aos deambulantes carnais.

Incontáveis mulheres equivocadas e criaturas *endemoniadas* encontram-se necessitadas do Seu amparo, cuja grandeza enfrentou a hipocrisia vigente em imorredouros testemunhos de afetividade.

Ricos, como Zaqueu, e miseráveis, como todos aqueles que Lhe buscaram o auxílio, enxameiam e movimentam-se sem norte ante a indiferença dos poderosos, não menos atormentados.

Quanta saudade de Jesus!

⚜

Refugia-te no Amigo que não teve amigos e deixa que Ele te conduza.

Nada te perturbe ou confunda a tua mente, em face da corrosão do materialismo dominador.

Medita na Sua vida de dedicação a todos os infelizes, que somos quase todos nós, e propaga-a, porquanto jamais, como na atualidade, Jesus necessita ser conhecido para que a existência humana passe a ter sentido na sua imortalidade.

17

DESCALABROS MORAIS

Sucedem-se, em volúpia surpreendente, os escândalos na sociedade contemporânea, que se sente aturdida sob o clamor das decepções e dos desencantos em escala crescente. Causando grande impacto a princípio, alcançam nível de acontecimento comum e trivial, quando o mais recente, sempre mais escabroso, diminui ou apaga as impressões perturbadoras do anterior.

São de todo jaez, tendo as suas raízes no egoísmo e na prepotência humana, decorrentes do atavismo animal.

Conhecidos em todas as épocas da História, na civilização atual atingem um clímax alarmante e sem precedentes.

Cidadãos masculinos e femininos de alto coturno social, que se apresentam como verdadeiros modelos de triunfo, de repente são arrolados como criminosos vulgares, em razão dos seus torpes compromissos morais, que revelam a lama sobre a qual edificam as aparências brilhantes.

Desvios sexuais, que se tornam comportamentos aplaudidos, infidelidade conjugal e adultério, suborno e tráfico de influência, de drogas, de contratos multimilionários, de criaturas humanas crucificadas na escravidão, corrupção de todos os matizes são-lhes as feridas purulentas ocultas em tecidos caros,

VOLÚPIA
Qualquer sensação muito prazerosa; deleite, delícia.

ATURDIDO
Com a mente ou os sentidos perturbados; atordoado, desnorteado, tonto.

ESCABROSO
Que se opõe ao decoro, à decência.

JAEZ
Natureza ou qualidade fundamental; tipo específico; conjunto de traços ou características.

CLÍMAX
Ponto mais alto.

COTURNO
(Fig.) Importância social; de alto coturno (de linhagem nobre; de importância social); de baixo coturno (de linhagem comum; plebeu).

ARROLADO
Posto em rol; relacionado em listagem.

em roupas luxuosas, sob adereços de altos preços e em ambientes de elevado poder de consumo...

Sem o pudor nem a dignidade que fingem defender e vivenciar, utilizam-se dos expedientes sórdidos do crime para acumular fortunas incalculáveis, emparedadas em cofres de aço de segurança máxima em paraísos fiscais e bancos internacionais.

Os recursos que reúnem com doentia avidez, se aplicados na educação das novas gerações e no trabalho que fomenta o progresso, conseguiriam afugentar os devastadores fantasmas da fome, das doenças e a cruel violência que semeia o terror em toda parte, culminando em guerras terríveis, algumas não declaradas...

Indiciados, após acusações vergonhosas dos seus comparsas, não dispõem da mínima compostura, lutando para provar inocência irônica e mentirosa.

Utilizam-se, os seus defensores, das brechas das leis benignas, algumas por eles mesmos elaboradas para o retorno ao convívio social, sem a mínima demonstração de honorabilidade.

Tendo anestesiada a consciência que adaptaram às circunstâncias da corrupção, deixam transparecer que a sua é a conduta correta com os descalabros morais de que se revestem.

Felizmente, a facilidade de comunicação desmascara-os e, embora nem sempre sejam punidos conforme são merecedores, vivem asfixiados nos pântanos em que se atiraram.

Cada dia são desmontadas novas quadrilhas de luxo nos altos escalões da sociedade.

Essas vítimas do materialismo enlouquecido, que acreditam somente no poder do dinheiro, das posições relevantes, não podem fugir da própria consumpção, do passar do tempo, das doenças e da morte.

Creem-se inteligentes pela habilidade de burlar as leis, de enganar os demais, quando, em realidade, são apenas astutos de breve trânsito no corpo.

Infelizmente o triste espetáculo mascara a cultura de desregramentos a caminho do caos.

ASTUTO
Hábil para fazer maldades, esp. enganando outrem; astucioso, velhaco, finório.

❖

Nem todos os indivíduos terrestres encontram-se malsinados com o sinete da desonra. Esses, os desonestos, chamam a atenção e parecem constituir a grande mole humana.

Embora desconhecidos, existem em todos os segmentos sociais indivíduos honoráveis e dignos.

São eles os *pilotis* sobre os quais se constroem a civilização, a ética e a cultura sadia.

Este é um momento de transição espiritual que alcança todos os programas da evolução terrestre.

Enfrentam-se as duas sociedades: a decadente, que está acostumada ao mal, e aqueloutra, a digna, que labora no bem.

A vitória, sem dúvida, inevitável é da seriedade, do comportamento sadio, porque o crime é desvio de conduta, não é o comportamento correto.

Não se deve, portanto, permanecer em dúvida íntima em face do triunfo enganoso dos criminosos bem-vestidos e invejados.

Ignoras os conflitos que os aturdem, porque ninguém consegue viver irregularmente e em paz. Eles afogam os tormentos, ou pelo menos tentam, nas libações alcoólicas, nos excessos sexuais, nas drogas ilícitas, a fim de permanecerem no palco do prazer, desconfiados e temerosos.

Não os invejes, não os antipatizes. Eles já estão sobrecarregados de preocupações, insatisfeitos com a própria existência, que perdeu o sentido psicológico e fundamental da vida.

SINETE
(Fig.) Sinal, marca.

MOLE
Grande quantidade de qualquer coisa.

PILOTIS
O conjunto dos pilares ou das colunas que sustentam uma construção, deixando a área do pavimento térreo livre para circulação.

ATURDIR
Perturbar a mente ou os sentidos, dificultar o raciocínio [de] (alguém ou de si próprio); atordoar(-se), estontear(-se), tontear(-se).

LIBAÇÃO
Ação de beber, esp. bebidas alcoólicas, por prazer ou para se fazerem brindes.

ALGOZ
Carrasco, executor da pena de morte ou de outras penas corporais (como tormentos, açoites etc.).

REFLEXIONAR
Refletir ou considerar sobre alguma coisa; ponderar, pesar, meditar.

REBOLCAR
Espojar-se ou revolver-se em (lama, lodaçal, areia etc.); chafurdar.

PRETÉRITO
Que não é do presente nem do futuro; situado no passado.

São triunfadores, sim, mas algozes de si mesmos.

O comportamento correto é o único a propiciar harmonia íntima.

Confia em Deus e na Sua paternal misericórdia.

Reflexiona em torno dos sofredores que também rebolcam em dores terríveis ao teu lado. Estão ressarcindo o comportamento alucinado de existências pretéritas.

O mesmo acontecerá aos fantoches aplaudidos de hoje pelos seus aficionados.

Quanto a ti, age sempre com retidão, cultivando o bem em todas as circunstâncias.

⚜

Quem visse aquele Homem sob o peso da cruz e Pilatos, o Seu crucificador, acreditaria que o representante de César era o triunfador.

Logo depois, Pilatos foi mandado para o exílio e suicidou-se, enquanto o Homem condenado morreu e ressuscitou, em triunfo de imortalidade.

Pensa, desse modo, na glória terrestre e na espiritual, e faze a tua escolha.

18

IRMÃOS INVISÍVEIS

A volúpia da vaidade humana, em sua cegueira, gerou o preconceito vão que, desde os primórdios da civilização, criou as castas em privilégio para alguns indivíduos e desprezo total por outros, embora pertencentes ao mesmo grupo étnico...

Posteriormente, a presunção dividiu-os em raças que se antagonizavam, e deram lugar a guerras lamentáveis quão destruidoras, que ainda prosseguem eliminando vidas preciosas e tentando extinguir algumas delas em genocídios inconcebíveis.

Concomitantemente, o poder dominante estabeleceu a escravidão dos mais fracos e sofredores, vitimados pelas batalhas hediondas ou outras circunstâncias penosas, que a uns tornaram infelizes e a outros prepotentes e perversos.

A evolução dos direitos humanos e as contínuas lutas pela liberdade alteraram de alguma forma as estruturas dos povos, a ponto de serem considerados crimes quaisquer manifestações de antagonismo ao próximo por questão de raça, de crença, de partido, de situação econômica...

Nada obstante, a inferioridade moral que predomina em alguns bolsões sociais constituídos por pessoas conflitivas, vem dando lugar a uma conduta cruel em relação aos demais, aquela que estatui os *irmãos invisíveis*, as *pessoas-ninguém*.

PRIMÓRDIO
A fase da criação ou do surgimento de (algo); origem, princípio, aurora.

CASTA
Qualquer grupo social, ou sistema rígido de estratificação social, de caráter hereditário.

ÉTNICO
Relativo a etnia; que pertence ou que é próprio de um grupo que se define através de uma cultura específica.

GENOCÍDIO
Destruição de populações ou povos.

CONCOMITANTEMENTE
Diz-se de fato que acontece ao mesmo tempo que outro(s); simultaneamente.

Sempre marginalizados, os pobres e os sofredores estão sendo empurrados para fora do meio social elegante, para os porões da imundície, os pardieiros infectos, as sombras das marquises, as portas cerradas dos edifícios, para a noite ameaçadora...

Antes eram nominados como escória da sociedade, vagabundos, ralé, sem qualquer significação.

Avançando as legislações, embora não alterando muito o comportamento dos fanáticos e desalmados de toda espécie, que se isolam nas suas ilhas de fantasia, endinheirados e pobres de valores morais, miseráveis, portanto, igualmente, conseguiram uma forma de espezinhar os menos aquinhoados com os valores amoedados.

Tornaram-nos invisíveis.

Olham-nos e não os veem, passam por eles e não os percebem, são beneficiados por incontáveis deles, mas eles não são *ninguém.*

A soberba e o egotismo, a presunção e o narcisismo são doenças graves do caráter, que corroem as energias e terminam por vencer aqueles que se lhes submetem.

A juventude louçã e encantadora amadurece, às vezes, sob alto preço de compromissos desgastantes. Por sua vez, a maturidade envelhece com tal rapidez que assusta, e a morte, sempre à espreita, arrebata quando o corpo já se encontra em inevitável processo de consumpção.

A jornada terrestre é sempre uma bênção que se pode converter em escada de ascensão ou abismo de horror, conforme a direção que se lhe dê.

Indispensável investir-se nos valores morais, superando as utopias de superioridade ou privilégio.

O que hoje é saúde e beleza, poder e glória, noutro momento faz-se exatamente o oposto.

ESCÓRIA
(Fig.) Coisa ou indivíduo reles, desprezível.

ESPEZINHAR
Tratar com desdém e autoritarismo; esmagar, destruir, pisotear.

EGOTISMO
Apreço, amor exagerado pela própria personalidade; egolatria, ego.

LOUÇÃO
(Fig.) Cheio de frescor e brilho, agradável à vista; belo, viçoso.

ARREBATAR
Levar com violência ou de súbito; arrancar.

UTOPIA
(Por ext.) Projeto de natureza irrealizável; quimera, fantasia.

Cuida de observar como te comportas em relação ao teu próximo invisível.

✤

A *pessoa-ninguém* hoje está em manchete pelo desdém com que é considerada socialmente.

Trabalhadores dignos, exercendo profissões honoráveis, embora modestas, vão sendo expulsos dos meios seletos a que servem, considerados inferiores, mas sem os quais as rodas do progresso se imobilizariam.

Como último recurso, os algozes do poder apelaram para o mecanismo do uniforme, sob a desculpa de higiene e de identificação, porém, diferenciando-os e assinalando os limites de onde se devem encontrar, tornando-se invisíveis.

A indumentária oculta a criatura, sujeita-a a situações penosas, aos cômodos escusos para afligir a consciência dos seus amos que a detestam, embora não possam viver sem a sua contribuição, qual ocorria nos dias inconcebíveis da escravização negra ou de outra raça qualquer...

Tratadas com desrespeito, não são sequer saudadas, nem reconhecidas. O uniforme de determinadas classes humilha-as, enquanto outros uniformes exaltam o *ego*, classificam funções relevantes, distinguem personalidades.

Tu, que conheces Jesus, que os preferiu, tem cuidado e saúda-os com afabilidade.

A pobreza deles não te afetará, o seu sofrimento não te contaminará, mas a tua gentileza, a tua humanidade farão que se sintam vivos, que tenham nome, que retornem à condição de pessoas.

Faze mais, distende-lhes as mãos e aperta as deles com um sorriso na tua face.

Ignoras o amanhã.

INDUMENTÁRIA
Conjunto de vestimentas us. em determinada época ou por determinado povo, classe social, profissão etc.

ESCUSO
Escondido, oculto, suspeito, ilícito.

AFLIGIR
Causar aflição a (alguém) ou atormentar-se; torturar(-se), apoquentar(-se).

AMO
(Por ext.) Aquele que chefia, que dá as ordens; patrão, senhor.

SAUDAR
Dirigir (a alguém ou reciprocamente) cumprimentos ou saudações.

Necessitá-los-ás quando menos esperes, e sabes que são constituídos da mesma energia que tu.

As diferenças são externas, até o momento em que a morte, que a todos abraça, nivela-te a eles em igualdade de condições.

Ademais, são teus irmãos, em experiências iluminativas.

❧

Quando quase todos abandonaram Jesus, Seus amigos, Seus beneficiários, um ladrão ao seu lado, também numa cruz, exaltou-O, pedindo-Lhe que dele se lembrasse no Seu Reino.

Para onde fugiram os curados, os elegidos pelo Seu amor, aqueles que somente receberam carinho e orientação?!

Torna visíveis em tua existência os *irmãos-ninguém,* e a vida te abençoará com a fraternidade feliz.

19

PERSEVERA TU

Ante a deserção de pessoas sinceras e devotadas aos compromissos superiores assumidos, sentes um certo desencanto que te toma, de alguma forma amarfanhando os teus sentimentos.

Em razão da inobservância aos ensinamentos cristãos em quaisquer igrejas de fé, experimentas mal-estar e temes ser contaminado pela vulgaridade dominante nestes dias.

Porque muitos trabalhadores do bem postergam a renovação moral que deve caracterizar o servidor sincero do Cristianismo, és visitado pelo desânimo que te ameaça consumir.

Em face da falência moral de indivíduos líderes da comunidade, chegas a acreditar que não vale a pena o culto da retidão, da honradez, porque os desonestos e viciosos prosperam em detrimento daqueles que cumprem com o dever.

Assusta-te a onda de alucinação e descalabros espirituais que predomina no conjunto social, e receias ser arrebatado pelo desequilíbrio que se faz natural, enquanto cultivas os valores éticos.

Não poucas vezes examinas os esforços que empenhas para manter a saudável conduta, enquanto se generalizam a corrupção e o abuso dos valores éticos, se não estás perdendo o tempo com o devotamento ao bem.

DESERÇÃO
Afastamento de determinada coisa a que se estava ligado por dever ou por laço de natureza particular; desistência, fuga, renúncia.

AMARFANHAR
Encher(-se) de pregas, vincos ou dobras; amarrotar(-se), comprimir(-se).

INOBSERVÂNCIA
Falta de observância.

POSTERGAR
Deixar de preferir; preterir, desprezar; negligenciar, descuidar; adiar.

RETIDÃO
Virtude de estar em conformidade com a razão, com o dever; integridade, lisura, probidade.

Mantém-te, porém, digno.

Persevera tu!

A força do mal e o alastrar-se dos prazeres inferiores jamais se tornarão uma situação normal e aplaudida, tendo apenas um período de expansão, para ceder lugar à ordem e à dignidade que são estados naturais da evolução.

O mal é transitório, mesmo quando se apresente com as *vantagens* aparentes que iludem. Todo aquele que nele mergulha sabe que está nadando contra a correnteza e que não alcançará a meta da felicidade pretendida, porque o mal não pode fazer o bem, por mais o tente.

Há uma ética de equilíbrio que tem sobrevivido aos vários períodos de evolução da sociedade, e não serão as extravagâncias e escândalos que neles surgem que alterarão a trajetória para a plenitude.

⚜

Interroga os gozadores, dominados pela ebriez das paixões consumistas, se eles estão felizes, e te responderão que se encontram cansados, mas não ditosos quanto anelavam.

Indaga aos indivíduos de comportamento exótico, que chamam a atenção pelas excentricidades, se estão plenos, e eles te dirão que se sentem vazios, aturdidos, magoados, de mal consigo próprios e com o mundo que dizem não os compreender no desencanto em que estertoram.

Observa aqueles que se encontram nas listas de sucesso, questiona como é sua vida íntima, e te responderão que é solitária, amargurada, afogando nos alcoólicos e nas drogas alucinógenas o seu desencanto.

Verifica, no entanto, a conduta daquele que é sadio moralmente e trabalhador que sofre carência, como se comporta, e te dirá que está dentro dos parâmetros da consciência reta,

---

EBRIEZ
(M.q.) Embriaguez; exaltação causada por grande alegria ou admiração; enlevação, inebriamento, êxtase.

DITOSO
Que tem boa dita; venturoso, feliz, afortunado.

INDAGAR
Fazer pergunta(s) [a alguém ou a si mesmo] sobre; interrogar(-se), perguntar(-se).

PLENO
Que se mostra cheio, repleto; que está completo, inteiro.

ESTERTORAR
(Fig.) Perder (chama, luz) a intensidade ou apagar-se; bruxulear, extinguir-se.

e, embora os desafios que experimenta, sente-se em harmonia íntima.

Medita em torno de Francisco de Assis – que superou a ilusão do poder e do ter, submetendo-se a sacrifícios e humilhações –, como ele se sentia, e ele responderá que vivia com tanto júbilo que as pessoas o chamavam *Irmão Alegria*, pelos sorrisos e canções que estavam sempre nos seus lábios.

Confere a vida de Teresa de Ahumada – mais tarde, de Ávila, na Espanha gloriosa do século XVI, época de Cervantes e dos mais belos artistas da Europa, período das conquistas americanas do centro e do sul e sua colonização, especialmente do Peru, das glórias da nobreza, do ouro e das joias –, se foi ruim abandonar tudo para servir a Deus, e ela explicará que encontrou tudo quanto lhe faltava, em especial a glória da imortalidade sublime.

> **TERESA DE AHUMADA**
> Mais conhecida como Teresa de Ávila ou também santa Teresa de Jesus, foi uma freira carmelita, mística, literata e santa católica do século XVI.

Faze o mesmo!

Renuncia com alegria aos encantos juvenis, adultos e da velhice e suas concessões de um dia para a conquista da excelsa felicidade estelar, da plenitude sem jaça, mesmo ainda na trajetória terrena.

> **EXCELSO**
> Que é admirável, excelente.

Permanece na ação do bem, harmonizando-te sem os conflitos do prazer que se frui, mantendo-se ansioso pela sua repetição.

> **JAÇA**
> Imperfeição (mancha ou falha); mácula.

O que percas transforma-se em conquista imperecível, porque nunca te fará falta realmente.

> **FRUIR**
> Desfrutar, gozar, utilizar (vantagens, benefícios etc.).

A existência física é feita de perguntas e ansiedades.

Toda conquista tem um preço.

Reflexiona em torno dos que desfrutam até a exaustão, como se apresentam na sucessão do tempo.

Alguns parecem fantasmas, outros vegetam, mais outros gastam tudo que acumularam, a fim de poder fruir um pouco de bem-estar, que te é natural e sem sacrifício.

Persevera, pois, nos teus nobres objetivos.

Dias haverá mais sombrios, no entanto, não somente acontecerá contigo. Todos são obrigados a atravessar noites de preocupações e de tempestades, de insônias e inquietações.

Bem-aventurados, porém, aqueles que as enfrentam em paz de consciência.

Não te arrependas da tua escolha, mesmo que em alguns dias sintas imensas saudades do passado próximo.

Essas sempre existirão em qualquer comportamento que elejas.

⚜

PEIA
Aquilo que impede; obstáculo, estorvo, embaraço.

Durante a Sua jornada terrestre, muitos se acercaram de Jesus e desejaram segui-lO. No entanto, as peias do mundo que os retinham impediram-nos e eles permaneceram na ilusão.

Aqueles que as romperam e permitiram acompanhá-lO hoje desfrutam do paraíso, e os demais ainda se encontram atados às mesmas aflições, com sede e fome d'Ele.

Tudo quanto faças e a que renuncies tornar-se-ão condecorações de luz na tua consciência.

Persevera tu e nunca te arrependerás.

20

O TESOURO DA ORAÇÃO

Francisco Osuna, sacerdote e místico espanhol do período renascentista, séculos XV/XVI, na sua grande obra *Abecedário terceiro*, afirma que: "A primeira forma de orar, a que se situa no plano da fé, é como escrever a um amigo. A segunda forma de orar, situada no plano da esperança, é como escrever a um amigo e esperar por uma resposta. A terceira maneira de orar, situada no plano do amor, é como se fôssemos pessoalmente à casa desse amigo. A primeira é como um beijo nos pés. A segunda, como um beijo nas mãos. A terceira, como um beijo na boca".

A antiguidade do conceito, mais de quinhentos anos, é de grande atualidade, porque esse *Amigo* é Deus, cuja oração deve ser-Lhe dirigida.

Trata-se de um grito emocional na hora da aflição encaminhado ao Pai Criador, como um ato de irrestrita confiança. Noutras vezes, é uma descarga de angústia que necessita de socorro imediato e, por fim, é um enlevo de gratidão em delícia de emoção.

Por isso que a oração, de maneira alguma, não se circunscreve apenas ao ato da rogativa, mas também é instrumento de louvação e, por fim, de júbilo pelo bem alcançado, em forma de reconhecimento.

IRRESTRITO
Não restrito, que não tem restrição; amplo, ilimitado.

ENLEVO
Sensação de êxtase; arroubo, deleite.

CIRCUNSCREVER
(Fig.)
Manter(-se) nos limites; limitar(-se), restringir(-se).

ALTIPLANO
(M.q.) Planalto.

SALUTAR
(Fig.) Que visa melhorar, corrigir erros, contribuir para a resolução de problemas; edificante, construtivo.

ESTÚRDIO
Que ou pessoa que não tem juízo; imprudente; insensato; estouvado.

ORANTE
Aquele que ora, que reza.

COLÓQUIO
Conversação ou palestra entre duas ou mais pessoas.

PSIQUISMO
Conjunto das características psíquicas de um indivíduo; psique, psicologia.

ÊXTASE
Estado de alma em que os sentidos se desprendem das coisas materiais, absorvendo-se no enlevo e contemplação interior.

EQUAÇÃO
Redução de uma questão, um problema intrincado, a pontos simples e claros, para facilitar a obtenção de uma solução.

Orar é romper as barreiras mentais limitadoras das emoções e necessidades imediatas para alcançar os altiplanos da vida.

Nem sempre é tão fácil a oração assinalada pela perfeita integração da criatura no Criador.

A falta do hábito salutar interrompe o fluxo do pensamento e ideias estúrdias interferem no ato, dificultando a sintonia. A insistência disciplinadora, mediante a criação de novo programa, termina por facultar a doce interação entre o orante e o Destinatário.

Emoção específica de paz percorre o ser que ora, sempre que consegue alcançar com a mente e o sentimento a Fonte Geradora de Vida.

Determinações tradicionais, no passado, impondo a prece, não se preocuparam em estabelecer que se trata de um colóquio de fé, de esperança, de amor. Torna-se indispensável a identificação de propósitos entre o necessitado e o Sublime Dispensador.

Quando a fé ora, uma vibração ascendente superior rompe as cristalizações mentais e abre o psiquismo ao Senhor.

Quando a esperança ora, há uma natural comunhão que devolve a onda de luz que beneficia quem faz a solicitação.

Quando é o amor que ora, sucede uma fusão de psiquismos que culminam no êxtase.

É compreensível que, à semelhança de todo empreendimento psíquico, haja um exercício contínuo, a fim de que surja afinidade com as Esferas superiores.

Reclama-se que nem sempre a oração resolve a problemática. Esta, porém, não é a sua finalidade real: solucionar os problemas que promovem o ser, mas o inspirar na equação, dar-lhe sabedoria e lucidez para superar as circunstâncias.

Nem sempre aquilo que se solicita em um momento aflitivo terá o mesmo valor e significado passados a urgência e o padecimento.

Orar é buscar a paz de Deus para a caminhada iluminativa.

⚜

Há aqueles que oram quando apenas estão defrontados pelos problemas e sofrimentos. São apelos desesperados entre revoltas e exigências que nem sequer saem do campo mental.

Outros oram sob situações aflitivas, sem o sentimento de amor e de respeito ao Pai.

Descabidas presunções impelem os indivíduos ao ato da prece, e como se exigissem os resultados que esperam, impõem os seus tormentos.

> **DESCABIDO**
> Que não vem a propósito; impróprio, inoportuno.

É necessário orar com a ternura que se devota a quem se ama: sentimentos de humildade, de afeto, de refúgio e de confiança no apoio de que necessita.

Orar, todos podem fazê-lo, apenas repetindo palavras sem que o objetivo seja alcançado.

A verdadeira oração é aquela na qual o Espírito se isola do mundo, encontra-se no santuário da fé e funde-se com o Supremo.

Pode-se orar a Jesus e aos Espíritos bem-aventurados, mas o método é o mesmo.

> **BEM-AVENTURADO**
> Que ou aquele que fez jus às bem-aventuranças divinas; Que ou aquele que desfruta, na Terra ou no céu, das bem-aventuranças divinas.

Pensar no Ser transcendente, sintonizar com a sua inefável misericórdia e depois expandir-se em pensamento até a perfeita identificação.

Embora Jesus, atendendo ao apelo do discípulo amado, que Lhe pediu um modelo, no-lo deu na *Oração dominical*, orar é falar com os Céus e silenciar na meditação para receber-lhe a resposta.

Muita falta faz a oração ao ser humano.

O soberbo, o egoísta não se preocupam com a oração, porque se acreditam capazes de equacionar os enigmas do caminho, superar os ásperos desafios da ascensão, mas quando o fazem, raramente o realizam com a humildade de coração, entregando-se aos desígnios divinos.

Deveria ser uma prática natural, porque pensar no bem, agir corretamente, viver com dignidade são também formas enriquecedoras de oração sem palavras.

Sempre que te sintas acoimado por qualquer incerteza e aflição, ora com unção.

Quando te encontres em júbilo, ora em gratidão.

Quando estejas em expectativa, ora, acalmando a ansiedade.

❦

Jesus, que vivia em plena identificação com Deus, orava com frequência, a fim de que permanecesse em sagrada união.

...E quando na cruz, Suas últimas palavras de louvor foram de aquiescência à vontade do Pai, numa verdadeira oração: *Tudo está consumado!*

DESÍGNIO
Intenção de realizar algo; propósito.

ACOIMADO
Que se acoimou; censurado, multado, punido.

UNÇÃO
Ternura na maneira de se expressar.

AQUIESCÊNCIA
Ação ou efeito de aquiescer; anuência, consentimento.

CONSUMADO
Realizado; abalizado; perfeito.

21

INQUIETAÇÕES

Afliges-te a situação da violência de todo porte que ameaça a estabilidade social, econômica e moral do planeta. Essa violência visível e assustadora, porém, é resultado de outras expressões não menos temerárias, tais como: o desrespeito moral na família, as lutas contínuas entre os cônjuges ou parceiros, as agressões verbais e físicas entre os irmãos e, por extensão, na escola, no local de trabalho, em toda parte.

Além dessas, a perda de ética dos líderes de qualquer atividade, especialmente de algumas autoridades investidas da governança, que se tornaram exemplos nefandos de conduta.

Assustam-te os acontecimentos atuais defluentes das gloriosas conquistas tecnológicas na comunicação virtual, aproximando os indivíduos nas informações e distanciando-os na convivência.

Estabelecem-se vínculos de afetividade e de relacionamento a distância, enquanto tremenda solidão devora os sentimentos, isolando as criaturas e atirando-as ao poço escuro dos conflitos emocionais.

Inquietas-te com a debandada de companheiros afeiçoados ao bem, que optaram pelas distrações do momento, substituindo as realizações da solidariedade a que se entregavam.

TEMERÁRIO
Que contém certo risco; arriscado, perigoso.

CÔNJUGE
Indivíduo em relação a outrem a quem está matrimonialmente vinculado; consorte.

NEFANDO
Não merecedor de se nomear; abominável, execrável, infando.

DEBANDADA
Saída ou desligamento voluntários de grande número de membros de um grupo, de clientes etc.

EXAURIDO
Que se exauriu; esgotado, exausto.

PARADOXO
Comportamento que contradiz os princípios que o deveriam reger; contradição.

INCAUTO
Que ou aquele que não tem cautela; descuidado, improvidente, imprudente.

LIVRETO
Livro pequeno.

UTILITARISMO
Atitude de quem regula a ação unicamente pelo interesse.

PROSELITISMO
Empenho para se conseguir prosélitos, adeptos; sectarismo.

GREI
Grupo formado por pessoas que se unem com um fim determinado; grupo, grêmio, sociedade.

BEM-AVEN-TURANÇA
Cada uma das sentenças de Jesus, num total de oito, no Sermão da Montanha, e que começam pela palavra bem-aventurado, conforme os Evangelhos de São Mateus (5: 3-12) e São Lucas (6: 20-26), e suas respectivas recompensas.

Justificam-se que desejam viver, fruir e mergulhar no encanto do prazer ao alcance, para despertarem mais tarde exauridos e sedentos da paz que menosprezaram.

Sim, este é um período de paradoxos em que se misturam as alegrias com as lágrimas, e no qual, ao lado das expectativas de bem-estar, as tragédias se manifestam inesperadas.

Encantamentos e decepções abraçam-se num suceder de ocorrências perturbadoras.

Conquistas do conhecimento alargam os horizontes do saber, e excessos de toda natureza atiram os incautos no abismo da servidão.

Perguntas, desanimado, quando o ser humano se resolverá pela opção do Evangelho de Jesus? Nele encontras o mais perfeito código de ética, de boas maneiras e de comportamento. Todavia, muitos o utilizam como um livreto interessante, mas sem aplicação imediata, isto quando não o aplicam para o utilitarismo pessoal, monetário e proselitismo de participação na sua grei religiosa...

Não te permitas, porém, relacionar as questões infelizes que fazem parte do processo evolutivo da Humanidade, dando lugar ao desânimo ou ao pessimismo perturbadores.

A luta fortalece o Espírito e liberta-o da ignorância.

Para e reflete com otimismo em torno das infinitas possibilidades de amor e de luz que o conhecimento da imortalidade te faculta.

⚜

Quando Jesus enunciou as bem-aventuranças, produziu profunda e grandiosa revolução psicológica que vem modificando a sociedade lentamente, apresentando-lhe o perfeito significado da existência corporal.

Não será de maneira massiva, mas individual, que se escolherá ser bem-aventurado, após o naufrágio no mar encapelado das ilusões sensoriais.

Quando Ele estabeleceu o amor como normativa de felicidade, alterou os princípios sociológicos que segregavam os infelizes, aqueles que foram vítimas de circunstâncias desditosas...

Ao ensinar o perdão, modificou o comportamento humano, oferecendo nova oportunidade ao infrator e tornando-o bem-aventurado pela transformação íntima para melhor.

Sua opção pela paz de consciência, não sendo inimigo de ninguém, desarmou os dominadores arbitrários e os violentos, trabalhando o ser profundo na conquista da sua harmonia.

Todas as Suas palavras são repassadas de bondade e de ternura, de solidariedade e de compaixão, que fazem muita falta à sociedade.

Tudo quanto se escreveu sobre comportamento social saudável está inserto nas lições de amor, a partir da *Parábola do Bom Samaritano* até a do *Semeador*, abrangendo os sentimentos da solidariedade, da confiança em Deus e da prática da caridade sem reserva alguma.

São portadoras de ensinamentos simples e práticos, de sentido psicológico e moral dos mais relevantes que se conhecem, porque todos os seus ensinamentos são edificantes e caracterizados pela compaixão e amor.

Possuindo-os, não te permitas inquietações, entregando-te ao labor do autoaprimoramento.

Cada criatura deve preocupar-se em cumprir com o seu dever, atendendo a tarefa que lhe diz respeito, estando sempre solidário, por cujo concurso amplia o campo de serviço do bem.

Nunca temas, nem duvides quanto ao processo de iluminação.

ENCAPELADO
Diz-se de mar agitado.

SEGREGAR
Separar com o objetivo de isolar; apartar (-se).

DESDITOSO
Que ou o que foi vítima de desdita; desventurado, infeliz, mofino.

REPASSADO
Embebido, cheio, impregnado.

CONCURSO
Colaboração, participação, ajuda.

DISPARATE
Ato ou pronunciado absurdo, sem lógica; contrassenso, desatino, despropósito.

ANONIMATO
Condição do que é anônimo, desconhecido; que ou o que não tem nome ou renome.

QUIMERA
(Fig.) Fantasia, ilusão, utopia perseguida.

DESERÇÃO
Abandono, saída ou afastamento de lugar que se frequentava, partido político, clube ou atividade esportiva, artística ou cultural, de uma causa ou ideologia etc.; desistência, evasão, fuga, renúncia.

CHARRUA
(Por mtf.) O trabalho do campo, a lavoura.

Existem, certamente, muitos disparates na conduta social, violência e desrespeito em relação às Leis da Vida, mas muito bem sendo vivenciado por heróis do anonimato, lutadores incansáveis em nome d'Ele, que triunfou sobre o mundo e suas quimeras.

Faze a tua parte e confia na sementeira da verdade.

Jamais caminharás a sós, porque aqueles que se Lhe devotam recebem-Lhe a ajuda e o apoio.

⚜

Se cultivares a paz, ela irá irradiar-se à tua volta.

Se mantiveres a confiança e trabalhares no bem, multiplicarás a área da plenitude.

Se não desanimares com a deserção de outros, o teu entusiasmo estimulará os tímidos ou receosos a retomarem a charrua e avançarem cantando o hino glorioso da libertação espiritual.

Persevera, pois, e não receies nunca, porque Ele jamais te deixará a sós.

22

REFLEXÕES SOBRE A HUMILDADE

A humildade é uma virtude de difícil aquisição, por exigir esforço para superar-se os instintos que predominam em a natureza humana, especialmente o da sobrevivência.

Ao materialismo devem-se muitos males, entre os quais aqueles que defluem dos estímulos e aplicações pedagógicas em favor do *ego* e das suas mazelas. Há uma preocupação ancestral dedicada à formação do caráter que privilegia a força pessoal, o destaque, a independência, o poder. Essa preocupação em torno dos falsos conceitos de que "o homem não chora", "o forte prevalece", "o vitorioso é aquele que soube resguardar-se, distante dos problemas alheios" demonstra que esses são elementos perniciosos e que se opõem à humildade.

Cuida-se de condicionar o educando à presunção, ao orgulho das suas conquistas em detrimento da fragilidade de que todos os seres são formados.

Uma insignificante picada de um instrumento infectado interrompe uma vida esplendorosa e um ser triunfante.

Modesto mosquito transmite vírus terríveis que devoram existências poderosas.

> **DEFLUIR**
> Ser decorrente de algo ou de alguém.

> **PERNICIOSO**
> Que é nocivo, perigoso, prejudicial ou ruinoso.

PULULAR
Proliferar com rapidez e em grande quantidade.

AFORMOSEAR
Pôr enfeite(s), adorno(s) em (algo, alguém); adornar, enfeitar.

ENIGMA
Questão, pergunta, problema difícil de interpretar e resolver; algo misterioso, de difícil compreensão.

ROBUSTEZ
Qualidade de robusto; força, robusteza, robustidão, vigor.

HÉRCULES
Hércules é o nome em latim dado pelos antigos romanos ao herói da mitologia grega Héracles, muito famoso pela sua força.

VÊNUS
É a deusa do panteão romano, equivalente a Afrodite no panteão grego, é a deusa da beleza e do amor.

Bastaria ligeira reflexão para a criatura humana dar-se conta da sua fraqueza ante as forças da vida e os fatores destrutivos que pululam em toda parte.

No sentido inverso, a grandeza cósmica que o deslumbra pode dar-lhe dimensão da sua pequenez, levando-o a considerações profundas quanto ao significado existencial.

A humildade é virtude essencial para uma jornada feliz na Terra. Mediante a sua presença, percebe-se quanto se deve trabalhar o íntimo para aformosear-se as aspirações e avançar-se na solidariedade como fundamental comportamento para o equilíbrio.

Analisando-se as conquistas conseguidas pela Ciência e Tecnologia, ao invés da presunção ingênua, perceber o infinito de possibilidades a conhecer e de enigmas a solucionar.

O deslumbramento inicial pode levar o *rei da criação*, dito ser a criatura humana, a esse estado de orgulho infantil que o ilude a respeito dos poderes que lhe estão ao alcance das mãos para a glória e o prazer, sempre relativos, da sua breve caminhada entre o berço e o túmulo.

A vã ilusão de potência e domínio na mocidade e idade adulta dilui-se quando as energias diminuem na velhice e nos períodos de enfermidade, confirmando-lhe a fragilidade acima de toda e qualquer robustez.

A maioria dos Hércules e Vênus do culto ao corpo, passado o período específico dos esportes, dos exercícios exaustivos e da alimentação sob rígido controle, tomba nos graves problemas cardiológicos e outros, causados pelo excesso de técnicas e de substâncias que contribuem para a beleza exterior, que agora se transforma em degenerescência e debilidade.

A experiência terrestre tem como essencial a finalidade do autodescobrimento, do sentido de existir, do desenvolvimento da inteligência e do Si profundo.

Utilizar-se das ocorrências para aprimorar-se é o programa da vida para todos.

❧

Jesus, que é o protótipo da perfeição e da beleza de que se tem notícia, apagou a Sua grandeza na humildade para ensinar a vitória sobre as paixões inferiores.

Deu o exemplo máximo da Sua elevação na última ceia quando, cingindo-se com uma toalha, lavou os pés dos discípulos, demonstrando que sendo o Senhor, fazia-se servo para todos.

Incompreendido por Pedro, que se Lhe recusara, explicou-lhe que se o fizesse, nada teria com ele, e o apóstolo, emocionado, entregou-se-Lhe em totalidade.

A grandeza do Seu gesto demonstra a força moral, o seu poder de servir, deixando a lição perene como advertência e orientação.

Cuida de penetrar-te por Ele até as *nascentes do coração,* para que a *mosca azul* da vaidade não pouse na tua insignificância.

Busca a simplicidade e a compreensão existenciais, tendo em vista que tudo mais é transitório e tem somente o valor que lhe atribuis.

Faze-te acessível e atento para aprender com os *pobres de espírito* a forma de enriquecer-te de humildade e de paz.

Nunca disputes projeção e destaque, recordando o ensinamento d'Ele, quando informou que "os primeiros serão os últimos e estes serão os primeiros".

Afeiçoa-te ao anonimato, não deixando sinais do bem que faças, a fim de que não sejas exaltado, qual ocorre com muitos fúteis e irresponsáveis, que são louvados e bajulados sem mérito real.

PROTÓTIPO
Primeiro tipo; primeiro exemplar; modelo, padrão.

CINGIR
Envolver (algo) com, fazer com que (algo) fique cercado, envolto; envolver(-se).

PERENE
Que não tem fim; eterno, perenal, perpétuo.

Mas não penses que humildade é menosprezo, desconsideração por si mesmo, subalternidade, escondendo conflitos de inferioridade.

A verdadeira humildade permite o autoconhecimento em torno dos valores que são legítimos no ser, sem os exaltar nem se engrandecer, compreendendo quanto ainda necessitas para atingir o ideal, tendo o prazer de sacrificar-se pelo conseguir.

⚜

ENSOBERBECER
Fazer ficar ou ficar soberbo, orgulhoso ou vaidoso; ensoberbar(-se), entufar(-se), orgulhar(-se).

ABNEGAÇÃO
Ação de abnegar, renúncia; ato ou disposição que se caracteriza por um desprendimento dos próprios desejos ou necessidades em prol de uma pessoa, causa ou princípio; altruísmo.

ALCANTIL
Ponto mais alto de uma elevação; cume, pináculo, píncaro.

Muitos Espíritos reencarnaram-se com nobres missões e falharam, porque se ensoberbeceram e se permitiram as glórias terrenas que os frustraram, abandonando-os na etapa final da vida.

Recorda-te daqueles outros que se apagaram na humildade, adotando o sacrifício e a abnegação, edificando o bem em vidas incontáveis.

Bem-aventurados os humildes de coração e ricos de amor, porque eles fruirão a plenitude.

Na humildade estão a força, a coragem e o espírito de abnegação de todo aquele que, reconhecendo a própria pequenez, luta pela superação necessária que o levará a alcançar os alcantis da vitória plena.

23

VIDA EM ABUNDÂNCIA

Asseverou o Mestre Nazareno: *Eu venho trazer-vos vida, e vida em abundância.*³

A promessa estimuladora constitui verdadeira bênção, porque a vida necessita de um sentido especial para fluir com tranquilidade necessária à paz íntima, que é fundamental na existência, e a abundância a que Ele se refere são os conteúdos elevados que dignificam o Espírito.

Elevá-la, moral e espiritualmente, é o objetivo do seu existir, por isso, com a sabedoria que Lhe era peculiar, Ele teve o cuidado de acrescentar essa exuberância, essa riqueza de oportunidades iluminativas.

A vida, por si mesma, é fenômeno biológico na matéria que, sob o comando do Espírito, reveste-se de significado evolutivo.

Por isso há vidas estioladas pela escassez de recursos inteligentes e emocionais, de significado psicológico, que se tornam vazias e, por consequência, atormentadas e em constante fragmentação.

Há vidas gloriosas, carregadas de coisas nenhumas, que são as lutas da ilusão e as buscas incessantes das fantasias, que terminam tediosas sem qualquer profundidade emocional.

---

3. João, 10:10 (nota da autora espiritual).

> **ABUNDÂNCIA**
> Grande quantidade, fartura, riqueza.
>
> **PECULIAR**
> Que é próprio de algo ou alguém; característico; inerente.
>
> **EXUBERÂNCIA**
> Grande abundância, fartura.
>
> **ESTIOLADO**
> Que se estiolou; debilitado, enfraquecido, adoentado.

SERVIL
(Fig.) Digno de desprezo; ignóbil, torpe, vil.

ANIQUILAR
Reduzir a nada, destruir completamente; exterminar.

VILANIA
Comportamento ou ato vil e indigno; baixeza, vileza.

DENIGRIR
(M.q.) Denegrir; (fig.) manchar ou infamar (a honra [de]); tornar (algo ou alguém) desacreditado; conspurcar.

AMOEDADO
Cunhado em moeda; reduzido a moeda.

Há vidas que são desperdiçadas nos jogos das paixões servis e na contínua busca de prazeres que se consomem e as aniquilam.

Há vidas malconduzidas nas prisões sem grades dos vícios e nas dependências cruéis das vilanias que as denigrem e as levam à consumpção antes do tempo que lhes está reservado.

Há vidas perdidas na contemplação vazia enquanto a Humanidade estertora na solidão e nos sofrimentos de variada denominação, aguardando socorro, solidariedade.

Há vidas tocadas pela presença do Amor, que se tornam santuários de benefícios, erguendo outras existências aos patamares da saúde e da alegria.

Há vidas, ricas de benevolência e sabedoria, dedicadas à educação e ao progresso da sociedade.

Há vidas assinaladas pelas lutas edificantes e entregues à luz da caridade.

Há vidas construindo outras vidas, num incessante esforço de abnegação e de sacrifícios bem-direcionados.

Há vidas e vidas!

Jesus promete vida em abundância de amor e de trabalho, de realizações e de crescimento íntimo mediante os quais se alcança a plenitude.

⚜

Sob outro aspecto, Ele também enunciou: *(...) No mundo tereis aflições; mas tende bom ânimo, eu venci o mundo.*[4]

Quando a vida é dedicada às conquistas materiais, sociais, econômicas, aquelas que enriquecem de valores amoedados, poder, brilho, é sempre fugaz. Porque os seres humanos permitem-se ser mais competitivos do que cooperativos, havendo uma

---

4. João, 16:33 (nota da autora espiritual).

constante aflição para a conquista desses empenhos, acompanhados de conflitos íntimos e desenganos.

O tormento da posse constitui grave transtorno emocional que arrebata incontáveis existências, anulando-lhes os valores éticos e enobrecedores.

Eis, no torvelinho das lutas humanas, os triunfadores sempre mais ou menos atormentados sob o guante dos fantasmas da desconfiança, do prazer até a exaustão, do medo das mudanças nas paisagens políticas e econômicas.

Cercados, não poucas vezes, pela bajulação dos frívolos, sem amizades legítimas, na multidão dos interessados no domínio do mundo e em dolorosa solidão, anelando por ternura e afeto edificante.

O poder terrestre, pela sua transitoriedade, deveria ser transformado em construção de meios para edificar outras vidas, repartindo as suas posses com a imensa e dolorosa escassez que predomina em todo lugar, multiplicando oportunidades de trabalho, de soerguimento moral, para que a felicidade deixasse de ser um mito, visitando todos os lares do mundo.

Quando se acompanha a epidemia da fome ceifando milhões de vidas que se extinguem em sofrimentos indefiníveis, dever-se-iam unir todos os esforços para acabar, por definitivo, essa mácula que torna a sociedade desventurada, porque o planeta possui recursos para atender a todos aqueles que o habitam de maneira digna e promissora.

Por isso a vida abundante é rica de paz e de alegria, porque está fixada nos postulados sublimes do amor e da caridade, que se transformam em oportunidade de desenvolvimento social.

Vive, no mundo, sem fugir-lhe aos padrões, mas dando lugar à filosofia do amor e do bem, gerando, em tua volta, alegria e bem-estar.

TORVELINHO
Movimento de rotação rápido e em espiral; redemoinho, remoinho, torvelim.

GUANTE
(Fig.) Autoridade tirânica; mão de ferro.

FRÍVOLO
Que ou aquele que não é sério no seu comportamento, nas suas atitudes e nos seus propósitos; leviano, fútil.

SOERGUIMENTO
Ação ou resultado de revitalizar(-se); reerguimento, revitalização.

CEIFAR
Tirar (a vida) de; destruir, exterminar.

MÁCULA
(Fig.) Defeito, falha.

FILOSOFIA
Conjunto de doutrinas, valores e ideias filosóficas de uma época comum a determinado povo ou grupo social.

Os incidentes e ocorrências menos desejáveis, mas que fazem parte do processo evolutivo, sendo o oposto das humanas aspirações, tornam-se-lhe o próprio avesso, vivenciando-os com tranquilidade e irrestrita confiança em Deus, de quem procedem todas as Leis da Vida.

Rejubila-te com a doação do Mestre e aplica a vida em abundância com sabedoria no teu desenvolvimento espiritual, sem enfado nem aflição, de olhos voltados para o porvir que te aguarda risonho.

ENFADO
Sensação de desagrado ou insatisfação espiritual; impressão difusa de que nada vai bem; fastio, melancolia, tédio.

PORVIR
O tempo que há de chegar.

⚜

A vida no corpo é fenômeno transitório que se consome, libertando o Espírito para a imortalidade na qual se encontra mergulhado.

Detém-te em pensamento e em ação, considerando a oportunidade que se te depara, e frui a inefável concessão do Senhor no rumo da tua vitória existencial.

Este é o teu momento de ser pleno.

Vive-o!

24

VIDA INEXTINGUÍVEL

O objetivo essencial da existência humana é a conquista da plenitude. Mediante continuado esforço, o Espírito desenvolve as aptidões que se lhe encontram em latência, de modo que se conheça a si mesmo, enriquecendo-se de instrumentos para os enfrentamentos naturais no processo evolutivo.

Atravessando as experiências do instinto ao longo do tempo, passa a compreender as emoções que acompanham as sensações, libertando-se das amarras dos automatismos orgânicos para a administração saudável dos sentimentos.

Envolto na tecelagem complexa da matéria, trabalha-a, a fim de bem conduzir o carro orgânico, enquanto aspira às delícias da imortalidade.

Etapa a etapa, deve aprimorar-se, sublimando as paixões primitivas e transformando-as em beleza e alegria indispensáveis ao êxito do empreendimento.

Reencarnando-se por necessidade de crescimento íntimo, dá sentido à existência física, aformoseando o planeta e a existência em esforço contínuo e enriquecedor.

O conhecimento do sentido de viver favorece-o com a lucidez para superar as tendências primárias que permanecem, em largo período, agrilhoando-o ao passado.

LATÊNCIA
Estado, caráter daquilo que se encontra latente, oculto.

TECELAGEM
(Por mtf.) Entrelaçamento, urdidura de ideias, de temas, de uma trama etc.; entretecedura, coordenação.

CARRO ORGÂNICO
Expressão metafórica equivalente ao corpo físico, material, somático.

Essas injunções às vezes penosas impulsionam-no à autoiluminação, de modo que se operem as transformações morais no íntimo para a vitória sobre a ignorância, a dor, o desequilíbrio.

É todo um processo de crescimento, no qual todas as conquistas de enobrecimento ampliam-lhe os horizontes para a espiritualização.

Impulsos e reações dos instintos básicos que lhe serviram de suporte para vencer as fases iniciais são transformados em métodos seguros para as experiências libertadoras através das quais o sentido existencial supera todos os outros.

Autor dos acontecimentos que defronta, cabe-lhe recuperar-se, agindo corretamente, de modo que a paz que deflui da consciência dignificada constitua-lhe a razão primordial da jornada evolutiva.

Enquanto a ignorância das Divinas Leis predomina, o ser permanece mergulhado no primarismo, necessitado do buril do sofrimento para romper o envoltório grosseiro que abafa as aspirações e impede-lhe a ruptura de dentro para fora, mediante o conhecimento da Verdade.

A dor, desse modo, é instrumento do bem para despertar todos aqueles que se encontram submetidos ao sono do desconhecimento.

Bendize, pois, esses fatores-sofrimento que te induzem à reflexão e ao encontro da liberdade.

❖

Nasceste ou renasceste para morrer no momento quando concluíres o trâmite carnal. Isso é inevitável, pois que é fatalidade da vida.

O fenômeno da morte é parte fundamental do programa da existência.

PRIMARISMO
Caráter do que é elementar, rudimentar, primitivo; simplismo, rudeza.

BURIL
Instrumento com ponta de aço ou de substância dura para cortar e gravar em metal, lavrar pedra, etc.; cinzel.

ENVOLTÓRIO
O que serve ou é usado para envolver, cobrir; invólucro, cobertura, capa, revestimento.

TRÂMITE CARNAL
Etapa de permanência do corpo físico na Terra; período em que dura o corpo físico.

Tudo que nasce tem o seu período próprio de existir no invólucro material, para logo depois experimentar a consumpção orgânica através da desencarnação.

Em razão da afetividade e da imensa necessidade de união e de comunhão de uns Espíritos com os outros, a morte representa uma dor moral quase que insuperável. Embora todos os seres humanos tenham conhecimento de que acontecerá em momento determinado, quando ocorre em alguma família, também despedaça os sentimentos daqueles que permanecerão na roupagem física.

Importante considerar como despertará esse viajante de retorno ao Grande Lar, quando terá que contabilizar os resultados da experiência vivenciada.

Por outro lado, aqueles que lhe perderam a presença padecem a dor da ausência material, da convivência abençoada, dos sonhos e anelos programados para o que se denomina como felicidade.

A morte, em consequência, é detestada, no entanto é a grande libertadora, porque propicia o encontro com a paz, desencarcerando o ser da prisão sem grades das doenças degenerativas, daquelas incuráveis e de muitas situações penosas.

A certeza de que o reencontro é inevitável, porque o amor jamais separa aqueles que se vinculam, constitui um bálsamo, uma esperança anunciada para depois.

A imortalidade é expressão da sábia Misericórdia de Deus, propiciando vida exuberante quando o corpo de constituição transitória consome-se.

Não te desesperes ante a morte do ser amado. Ele vive e logo readquire a lucidez; passado o período de ajustamento, volve a visitar-te, a estar contigo, inspirando-te nas injunções da carne.

Por tua vez, envolve-o em lembranças afetuosas e gratulatórias, que ele capta e sente-se bem pelas evocações amadas.

CONSUMPÇÃO
Ato ou efeito de gastar até a destruição; consumição.

ROUPAGEM FÍSICA
O corpo físico.

ANELO
Desejo intenso; anelação, anélito, aspiração.

BÁLSAMO
Consolo, alívio.

VOLVER
Voltar ou fazer voltar; regressar, retornar, regredir.

GRATULATÓRIO
Que denota gratulação, gratidão.

EVOCAÇÃO
Recordação, lembrança, chamamento.

VERTER
Fazer correr
ou transbor-
dar (líquido).

EXULTANTE
Que exulta; que se
enche de alegria.

INEFÁVEL
Que não se pode
nomear ou descre-
ver em razão de
sua natureza, força,
beleza; indizível,
indescritível.

ALÉM-TÚMULO
O que vem depois
da morte, o além,
a eternidade.

Não te permitas revoltar ou sucumbir pela dor da sua viagem. Se as lágrimas da saudade visitarem-te, verte-as com ternura e amor, e eles se sentirão queridos, também emocionados.

Em situação nenhuma te permitas a rebeldia, considerando que também desencarnarás.

Vive de tal forma que, ao chegar o teu momento de retorno, exultantes os seres queridos que te anteciparam venham receber-te cantando um hino de alegria inefável, homenageando-te.

Como jamais te esqueceram, no Além-túmulo trabalham para a continuação da afetividade, preparando-te o lar, novas realizações que ignoras, de forma que vivas o banquete de luz e de paz que está prometido a todos aqueles que são fiéis ao bem e à Verdade.

⚜

À dor da separação do Mestre Jesus na crucificação, aqueles que O amavam reativaram as alegrias ante a Sua ressurreição luminosa.

Aquela madrugada de bênçãos foi a resposta de Deus à tarde-noite de sombras e morte.

Tem paciência, quando desencarne um ser querido, considerando os júbilos que te tomarão oportunamente por ocasião do reencontro, quando fores recebido por quem agora choras...

25

NOITE INIGUALÁVEL

Sutil mudança ocorria nas paisagens terrestres sempre marcadas pelos conflitos e desgraças de todo porte, que destroçavam as criaturas e as nações em intérminas guerras de extermínio.

O Império Romano estendera-se, impondo-se às nações que lhe padeciam a arbitrária dominação, pelas suas implacáveis legiões. O carro das matanças indiscriminadas avançava sempre aumentando a estatística vergonhosa das vítimas que ficavam para trás. Na Europa, as legiões tentavam aniquilar os denominados *bárbaros* insubmissos e acostumados à liberdade nas suas florestas e comunidades independentes.

Era, aquele, um período sanguinário e de terror, em que a civilização estertorava na hediondez dos poderes transitórios alucinados.

Otaviano, o imperador, no entanto, conseguira pacificar muitos povos rebeldes que se levantavam com frequência na ânsia de serem livres.

Lentamente estabelecera-se a *pax romana* e as lutas entre as diversas e sofridas nações foram atenuadas e quase desaparecidas no imenso império durante mais de um século.

A sombra de Augusto fazia-se respeitada em toda parte.

HEDIONDEZ
(Fig.) Procedimento hediondo.

LEVANTAR
(Por mtf.) Provocar uma rebelião em ou amotinar-se; sublevar(-se).

PAX ROMANA
(Latim) Paz imposta pela força da nação mais forte sobre os povos derrotados, como a que vigorou nas províncias dominadas por Roma.

ATENUAR
Tornar(-se) menos intenso; reduzir(-se), abrandar(-se), amenizar(-se).

Marginal definitions

INSURRECTO
(M.q.) Insurgente; que ou aquele que se insurge, se rebela contra algo.

IDUMEU
Relativo a Idumeia (região da Palestina) ou o que é seu natural ou habitante.

SANHA
Fúria, ira que geralmente se manifesta em comportamento violento.

JUGO
(Fig.) Sujeição imposta pela força ou autoridade; opressão.

LITIGANTE
Que ou o que está em conflito com outrem.

SUSERANIA
(Por ext.) Direito ou poder de ordenar, de decidir, de se fazer obedecer; domínio, autoridade, poder.

TRIÚNVIRO
Cada um dos magistrados da Roma antiga que formavam um triunvirato.

ALIENÍGENA
Que é natural de outro país; estrangeiro.

A pequena Israel, sempre insurrecta, sofria a pressão do idumeu Herodes, denominado ridiculamente *o Grande*; portador de distúrbios de conduta, especialmente atormentado pelo medo de perder o poder, mandava matar, indiscriminadamente, inimigos declarados, familiares suspeitos e amigos inseguros...

O sanguinário conseguira, na sua sanha macabra, assassinar a própria esposa sob acusação indébita, receando-lhe a grandeza moral.

As intrigas eram fulminantes, enredando personalidades nobres e igualando-as aos infelizes litigantes. A sobrevivência de cada um dependia da direção dos *ventos palacianos*.

A miséria socioeconômica atingira nível insuportável.

Os campos encontravam-se despovoados, enquanto as cidades maiores, qual acontecia com Jerusalém, encontravam-se abarrotadas com desocupados, vagabundos, pessoas viciadas, aventureiros.

Israel esperava o Messias fazia muitos séculos, que o viesse libertar do jugo estrangeiro, pois que quase sempre estava sob a dominação de outro país.

Nesse período se encontrava sob a suserania da Síria, desde quando Pompeu, o triúnviro, entrara na capital vitoriosamente, deixando a nação sob o protetorado alienígena.

O descontentamento e os ódios entre as diversas classes, a começar na mais alta corte de justiça e de religião, o Sinédrio, gerava tremenda instabilidade interna sob a vigilância do temível governante.

Esperava-se, em consequência, que o Messias fosse um guerreiro sanguinário vingador que erguesse Israel à culminância da glória terrestre, dominando os demais povos.

Esse era o clima espiritual da Terra da Promissão.

Foi então que, numa noite inigualável de beleza, nasceu Jesus, tendo como berço as palhas úmidas de uma gruta-estrebaria de calcário na região de Belém.

Humilde como a erva do campo e nobre como um *arquipélago* de astros, a Sua jornada seria assinalada pela proteção dos anjos, vivendo em Nazaré na condição de modesto carpinteiro.

Apagou-se num anonimato incomum e, no momento próprio, desvelou-se num arrebatamento espiritual que mudou o destino da Humanidade.

Nunca mais a Terra seria a mesma, porque a partir da Sua chegada surgiram os pródromos da plenitude futura para todas as gerações.

Dividiu os tempos e em poucos anos estabeleceu um Reino que se vem alongando na sucessão dos evos até os dias atuais do Consolador, quando novamente os luminares da Espiritualidade vêm transformar os conceitos do egoísmo, inaugurando a era da legítima fraternidade.

Por mais que haja amado, de forma que ofereceu a vida em holocausto para servir de exemplo, não foi correspondido na mesma intensidade, antes foi odiado e perseguido sem clemência, jamais desanimando ou descoroçoando, para que não faltassem diretrizes de segurança para a felicidade humana.

Instalando o amor nos painéis do pensamento terrestre, a Sua mensagem é hoje psicoterapia valiosa para libertar da desdita milhões de vítimas da ignorância e dos desastres morais.

Certamente sensibilizou milhões de existências na sucessão da História, não o suficiente, porém, para que se conseguisse o primado da imortalidade e do bem. Entretanto, os alicerces por Ele colocados permanecem aguardando a construção da Verdade, que em breve reinará entre as criaturas.

ASSINALADO
Marcado com sinal.

PRÓDROMO
O que antecede a (algo); precursor, prenúncio, antecedente.

EVO
Perpetuação, duração desprovida de fim (mais us. no pl.); eternidade, eviternidade.

LUMINAR
Que dá lume, que espalha luz; luminal.

HOLOCAUSTO
Sacrifício, expiação.

CLEMÊNCIA
Sentimento ou disposição para perdoar as ofensas e/ou minorar os castigos; indulgência, bondade.

DESCOROÇOAR
(M.q.) Desacoroçoar; tirar ou perder a coragem; acovardar(-se).

É necessário insculpir na mente e no coração os exemplos de Jesus que palpitam na psicosfera do planeta, aguardando oportunidade de dominar as vidas de modo a torná-las plenas, o que equivale dizer: instalar o Reino dos Céus no mundo terrestre.

Estes são dias difíceis que fazem parte do processo evolutivo do planeta e dos seus habitantes.

Necessário ouvi-lO no imo e vivê-lO no comportamento e na ação.

❧

POMPA
Aparato faustoso, magnificente; ostentação; grande luxo, esplendor.

Celebra o teu Natal pensando n'Ele, sem pompa nem arrogância.

Natal é evocação do sublime Amor de Deus, enviando Jesus ao mundo para dignificá-lo.

Comemora-Lhe o aniversário fazendo como Ele, ao lado dos que sofrem e anelam pela paz.

Reúne a tua família e ora exaltando-O, e transforma-te em embaixador da Sua bondade, espalhando bênçãos entre todos.

26

SORRISOS E ANGÚSTIAS

Quem te observe o semblante jovial, aureolado de sorriso espontâneo, de forma alguma perceberá as sombras da angústia que se agasalha nas paisagens das tuas emoções.

A maneira como expressas alegria não deixa lugar para os conflitos que te asfixiam interiormente, fazendo-te sofrer quando a sós.

A aura de bem-estar que te envolve demonstra que navegas sobre águas calmas, quando experimentas o mar revoltoso nos sentimentos íntimos.

Esforça-te por expressar júbilo e simpatia, mesmo que sob evocações traumáticas e sombras densas.

Muitos amigos te invejam a existência tranquila e formosa, sem saberem das turbações que te sacodem e do desespero que, às vezes, pensas não mais poder ocultar.

Sempre cercado por pessoas, no entanto, com peculiar solidão interna que te faz sofrer sem queixumes nem mágoas.

O caminho de todo lutador do bem é áspero e de acesso difícil em razão dos desafios que surgem em cada trecho da jornada.

SEMBLANTE
Face, rosto; fisionomia.

AUREOLADO
Abrilhantado, coroado.

ASFIXIAR
(Fig.) Fazer definhar ou causar grave prejuízo a (algo ou alguém), ao tolher-lhe as forças, o desenvolvimento, a progressão etc.; sufocar, abafar.

TURBAÇÃO
Perturbação, desordem, tumulto.

QUEIXUME
(M.q.) Queixa; lamentação, gemido, expressão de dor, de sofrimento.

DORIDO
Que tem e/ou expressa alguma dor (física ou moral).

EDUCANDÁRIO
Estabelecimento de ensino, colégio, escola.

LAPIDAR
(Fig.) Tornar apresentável (o que é tosco e grosseiro); aperfeiçoar, aprimorar, burilar; educar.

CLICHÊ
(Fig.) Ideia, expressão muito repetida; lugar-comum; chavão.

RESSUMAR
Manifestar(-se) de maneira evidente; revelar-se.

AMIÚDE
Repetidas vezes, com frequência, a miúdo.

LUZIR
Exibir, apresentar com brilho, com luzimento.

ASSALTAR
Atacar com ímpeto e repentinamente.

HEMISFÉRIO
Cada uma das duas metades laterais do cérebro e do cerebelo.

Gostarias de abrir o coração dorido, narrando as tuas frustrações e anseios nobres, no entanto, todos te exigem expressão de felicidade, e temes.

És forte e abnegado, mas és, também, humano.

A vida transcorre, e, no palco das apresentações, és um ator que muda de uma para outra obra, sempre assumindo o papel imposto, bem diverso do que és e de como estás.

Fazes bem assim procedendo.

A Terra não é um paraíso nem um presídio, mas um educandário, assinalado por experiências diversas, nas quais se lapidam as imperfeições e se aprimoram as tendências nobres.

Se te fosses queixar, apresentando os teus erros e remorsos, arrependimentos e culpas, haveria mais sombras dominando a existência.

Autoacusações ou apontamentos pessimistas não contribuem para melhorar a situação do aprendiz da evolução.

Trabalhando-se a mente para recuperar-se, diluindo os clichês negativos arquivados ressumando amiúde, logram-se renovação e disposição saudáveis.

Afirmam os neurocientistas que o pensamento, quando luz uma ideia, imprime-a na corrente sanguínea durante noventa segundos. Quando sejas assaltado pelo pessimismo, pelo desespero, pelos fantasmas dos teus erros e culpas, acessa o hemisfério esquerdo e deixa que passe esse período e vencerás a impressão perturbadora.

A vontade desempenha um papel relevante no processo existencial.

Cada qual pode conquistar a plenitude esforçando-se e insistindo sem desânimo.

Quando vejas o êxito de alguém, tem certeza que um preço especial foi-lhe exigido.

Ninguém consegue o conhecimento e a iluminação sem um imenso contributo de esforço e de abnegação.

Da maneira como consegues disfarçar as tuas aflições, colocando na face a máscara do júbilo, vai um pouco além e busca ser realmente feliz.

Muda o hábito da reflexão nas mazelas, reabilitando-te pelo trabalho edificante.

Sai da aparência para a realidade e começa agora a viver a emoção da alegria legítima.

⚜

És filho de Deus, que te ama e te espera.

Avança pelo roteiro traçado sem culpas.

Se erraste, arrepende-te e planeja a imediata recuperação.

Ninguém que viva a existência terrestre sem mácula.

É certo que os teus, conforme registras, são erros clamorosos, que pensas não merecerem perdão. Essa é um ideia falsa e perturbadora.

CLAMOROSO
Muito claro; irrefutável, indubitável.

Desde que te resolveste por mudar para melhor, reabilitando-te e estando disposto ao soerguimento, já deste um passo importante na construção do teu futuro.

A sombra mais densa é vencida por delicado raio de luz de um pirilampo.

A doutrina de Jesus é tecida com os fios sublimes do amor e da compaixão. Toda ela está subordinada às leis de justiça, mas de misericórdia também.

Exulta ante as concessões que são encaminhadas a teu benefício, desde o ar que respiras à beleza impressa em todas as coisas.

PIRILAMPO
(M.q.) Vaga-lume; design. comum aos besouros da fam. dos lampirídeos e dos fengodídeos, que apresentam na porção apical do abdome uma série de órgãos luminescentes; lucerna [durante o começo do verão, esses insetos são reconhecíveis, à noite, pela emissão intermitente de uma luz amarelada].

Ergue-te, pois, alma desolada, saindo do alçapão em que tombaste e recomeça mil vezes a tua trajetória.

Errarás ainda muitas vezes, a fim de acertares com segurança a melhor maneira de conduzir-te pela trilha da autoiluminação.

EXULTAR
Experimentar e exprimir grande alegria, grande júbilo.

UMBRAL
(Por ext.) Extremo sofrimento infligido por certas circunstâncias, sentimentos ou pessoa(s); martírio, tormento.

BURILAR
Tornar mais apurado; aprimorar, aperfeiçoar.

Não invejes aqueles que já transpuseram os umbrais por onde transitas. Eles souberam vencer os impedimentos e avançaram com decisão, sem olhar para trás.

Quando venças as provas e expiações que te burilarão, estarás como o diamante que brilha, não mais se recordando dos golpes que sofreu durante a lapidação.

Ama a vida e recupera a alegria real para que o teu seja o sorriso de plenitude, contaminando todos com as bênçãos do júbilo.

Pensa em vencer os torpes estados d'alma, aureolando-te de paz e esparzindo-a.

⚜

Conheces a palavra do Senhor que ora te felicita, portanto, não lamentes e exulta de contentamento.

Torna-te instrumento da felicidade e ajuda os teus irmãos da amargura e da depressão.

Poderás fazê-lo se o desejares sinceramente.

Pondo Jesus em teu pensamento e em teus atos, os espinhos que te ferem florescerão sem mais afligir-te.

27

CAMINHOS

"Eu sou o Caminho."
Jesus

Cada caminho conduz a um destino. Nem todos, porém, logram atingir a meta e interrompem-se, causando frustrações.

Uns são breves e aplainados, atraentes e confortáveis.

Outros são de acesso difícil, às vezes, perigosos.

Diversos podem ser percorridos com facilidade e alegria.

Muitos apresentam as anfractuosidades das rochas, com o leito repleto de pedrouços, de impedimentos.

Raramente são diretos, bifurcando-se de trecho em trecho, o que exige conhecimento prévio, para serem percorridos com segurança.

Ninguém consegue acesso à meta estabelecida caso não encontre o roteiro, o caminho indispensável à conquista do objetivo.

Os caminhos são abertos por aqueles viajores pioneiros que tiveram a coragem de vencer obstáculos e assinalar o percurso.

Enfrentaram, esses heróis ignorados, os desafios das florestas quase impenetráveis e dos pantanais miasmáticos, das corredeiras e dos rios volumosos, das montanhas e geleiras perigosas ou dos desertos que parecem intermináveis, deixando marcas de segurança.

APLAINADO
(M.q.) Aplanado; tornado plano; nivelado.

ANFRACTUOSIDADE
Propriedade de apresentar sinuosidades, saliências, depressões, irregularidades.

LEITO
Estrato, camada.

PEDROUÇO
Grande amontoado de pedras; pedroiço.

BIFURCAR
Abrir(-se) ou separar(-se) em dois ramos; forquear.

VIAJOR
Aquele que viaja; viajante, viageiro.

MIASMÁTICO
Que contém ou que produz miasmas; infecto.

DIVALDO FRANCO • JOANNA DE ÂNGELIS

DENODO
Intrepidez, coragem; procedimento nobre e valoroso; brio, distinção.

ÍNSITO
Que é um constitutivo ou uma característica essencial de uma pessoa ou coisa; inerente, congênito, inato.

IRRETOCÁVEL
Que não exige retoque; acabado, perfeito.

TITUBEAR
Ficar em estado de irresolução, incerteza, perplexidade; hesitar, vacilar.

DIRETRIZ
Norma de procedimento, conduta etc.; diretiva.

Graças ao seu denodo, facilitaram a tramitação no meio dos abismos ou dos terrenos elevados, tornando-os transitáveis, mesmo quando se apresentavam invencíveis...

Jesus asseverou com dignidade: *Eu sou o Caminho!*

Na Sua condição elevada, Ele é de fácil trânsito e de alcance rápido. Nada obstante, é necessário saber-se que Ele conduz à Verdade, que é Vida, sem as quais ninguém entende ou alcança o Pai, n'Ele ínsito.

Para conseguir-se jornadear pela Sua estrada, torna-se indispensável conhecê-la, penetrar-lhe os conteúdos, entregar-se-lhe em regime de totalidade.

Assim sendo, Ele enunciou com vigor: *Todo aquele que desejar vir até mim, tome a sua cruz, renuncie-se a si mesmo, venha e siga-me.*

Nessa proposta irretocável, estabeleceu que não há dificuldade em amá-lO e segui-lO, oferecendo a doutrina que viveu entre as criaturas humanas, que se tornou o verdadeiro mapa, a fim de que seja conseguida a vitória do empreendimento.

Fora d'Ele os caminhos são enganosos, porque todos levam aos prazeres e aos sofrimentos que decorrem, aos conflitos e ambições descabidas, que sempre se transformam em dor e desencanto.

Só Jesus é caminho de paz e que leva à plenitude.

⚜

Se, por acaso, travaste contato com Jesus, não titubeies em segui-lO. Ele espera por ti pacientemente e com ternura infinita. Nunca te censurará, nem te exigirá além das tuas possibilidades. Basta que O ames e terás as necessárias diretrizes para alcançares a meta que ambicionas, mesmo sem o saberes...

Sendo o Caminho, a Sua existência foi assinalada pela abnegação e entrega, propondo uma nova maneira de encontrar-se a finalidade existencial.

Acostumada a sociedade às extravagâncias do egoísmo, aos conteúdos da ambição pessoal e do abuso, Ele se fez pequeno para ensinar grandeza através da humildade e da renúncia. Demonstrou que todo poder e glória terrestres são transitórios e enganosos, deixando, logo que cessam, o travo amargo da decepção.

Por isso elegeu os sofredores de todos os matizes para que o *percorressem (o Caminho),* tornando-o uma *vereda* de luz para sair-se da furna escura e profunda da hediondez, assim alcançando os altiplanos da gloriosa imortalidade.

Jamais se rebelou contra as circunstâncias adversas do percurso, vencido com ternura e compaixão.

Demonstrou em altíssimos níveis a Sua misericórdia e generosidade, convivendo com a ralé social, erguendo-a em nível de dignidade.

Nada Lhe obstaculizou o avanço na direção de Deus, o Pai amoroso que n'Ele operava.

Alcançou os mais elevados patamares do amor e do sacrifício, preferindo doar a vida terrena, a fim de provar a grandeza da imortalidade.

E quando tudo parecia conspirar contra o Seu Reino, após a batalha com as trevas que Ele venceu, entregou-se ao holocausto, para logo retornar em formosa madrugada iridescente, como uma estrela de primeira grandeza que é.

Por mais que haja sido imitado por mártires, apóstolos e santos, jamais foi igualado.

Até hoje, dois mil anos após o enunciado, permanece como o Caminho único para a individuação, a sublimação.

Não estranhes se, após a tua adesão a Ele, encontrares outros caminhos que te distraiam do roteiro central, mantendo-te

---

TRAVO
Impressão desagradável, dolorosa; amargor.

VEREDA
(Fig.) Orientação de uma vida, de uma ação; rumo, direção, caminho.

FURNA
Cavidade profunda na encosta de uma rocha, floresta etc.; caverna, gruta, cova.

ADVERSO
Contrário, oposto; desfavorável, inadequado, impróprio.

PATAMAR
(Fig.) Nível destacado entre os mais altos.

IRIDESCENTE
Cujas cores são as do arco-íris ou que reflete essas cores.

MÁRTIR
Quem se sacrificou, ou foi morto, em nome de uma crença ou de um ideal.

INDIVIDUAÇÃO
Conforme Carl G. Jung, é a propensão instintiva que há em todo ser humano que o leva a querer realizar plenamente as suas potencialidades inatas; ela ocorre quando consciente e inconsciente ordenam-se em torno do Self.

SUBLIMAÇÃO
Transformação de um motivo primitivo e sua colocação a serviço de fins considerados mais elevados.

fiel ao compromisso, mesmo que enfrentando alguma dificuldade inicial.

Onde estejas, com quem te encontres, como te sintas, recorda-te sempre: *Eu sou o Caminho...*

❖

Observa os inumeráveis caminhos que se abrem à tua frente e elege o que deves seguir, buscando identificar-te com as circunstâncias e as imposições ambientais.

FLORIDO
Adornado de flores.

Acautela-te na escolha, a fim de que alguns floridos ao início não se transformem em abismos terríveis de onde terás dificuldade de sair.

Segue-O, elegendo-O como Caminho para Deus e conhecerás a paz e a plenitude.

28

JESUS E AS MULHERES

Em todas as formosas facetas da existência de Jesus, quando esteve na Terra no Seu ministério de amor, observamos a grandeza dos valores que O caracterizavam.

Jamais foi surpreendido em uma atitude que contradissesse o ministério elevado a que se devotava com abnegação até a oferta da própria existência no infamante madeiro da cruz, que Ele transformou em asas de libertação.

Nenhuma palavra, gesto algum constituíram oposição à Sua mensagem de amor e de misericórdia, mesmo quando perseguido de maneira pertinaz pelos inimigos do bem.

Teve a elevação moral de opor-se a todos os preconceitos, filhos da ignorância e do egoísmo, que dominavam a desvairada sociedade de então, perdida nas alucinações do poder e da guerra como da indiferença pelos pobres e oprimidos.

Os campos abandonados e as cidades abarrotadas de mendigos e de infelizes de toda ordem demonstravam a decadência da administração do país, vítima da submissão a Roma, que elegia os seus governantes...

Concomitantemente, a revolta e o dissabor alucinavam os mais fracos, que tentavam reagir às circunstâncias inditosas, silenciados por castigos atrozes, prisões irrespiráveis e morte impiedosa.

FACETA
(Por ext.) Particularidade de alguém ou de alguma coisa.

INFAMANTE
Que infama; que envolve infâmia; desacreditante, infamador, infamatório.

MADEIRO
Qualquer peça de madeira robusta; madeira, lenho.

PERTINAZ
Que demonstra muita tenacidade; persistente.

DESVAIRADO
Que não tem coerência; contraditório, incongruente; que se desnorteou.

DISSABOR
Sentimento de tristeza e infelicidade causado por problemas, perdas etc.; aflição, desgosto, mágoa.

ATROZ
Intensamente cruel, desumano.

ALARDE
Atitude exibicionista e ostentosa.

ESOTERISMO
Ciência, doutrina ou prática baseada em fenômenos sobrenaturais.

LOCUPLETAR
Tornar(-se) rico, ou mais abastado; enriquecer.

TASCA
Casa de pasto muito ordinária; baiuca, taberna, bodega.

ARGUIR
Examinar questionando ou interrogando.

PUSILÂNIME
Que revela pusilanimidade, fraqueza moral; covarde, medroso, fraco.

DESVALIDO
Que ou quem é pobre, miserável, desgraçado.

ADMOESTAR
Advertir (alguém) de maneira branda (sobre alguma coisa); aconselhar.

OCIOSO
Que não faz falta; supérfluo, desnecessário, inútil, preguiçoso.

DOURADO
(Fig.) Que tem a cor amarelo-cobre do ouro, em alusão a quem tem poder material.

Sem alarde, mas com vigor, revogou as leis absurdas defluentes da barbárie, do período vivenciado na aridez do deserto...

Ante os poderosos do transitório poder, manteve sempre a dignidade, sem humilhar os enganados nem submeter-se-lhes.

Modificando as estruturas religiosas fundamentadas na aparência e nos símbolos do esoterismo decadente, ampliou o entendimento da Verdade, desvestiu os mistérios e os cultos em que se locupletavam os sacerdotes, manteve convivência com os humildes e desconsiderados.

Sempre esteve ao seu lado, nas tascas, nas praias, nas ruas, em toda parte, erguendo-os e dando-lhes nobreza.

Glorificava o *Reino dos Céus*, sem menosprezar os deveres terrestres, exaltando-os com normas educativas para a evolução.

Sereno, era sempre arguido pela malícia e astúcia do comportamento dos cidadãos pusilânimes, e utilizou-se da energia do bem para desmascará-los e facultar-lhes o arrependimento e a renovação.

Sempre expressou misericórdia, mesmo onde a justiça deveria funcionar.

Teve a Sua atenção dirigida à infância desvalida, à velhice abandonada, às mulheres desrespeitadas.

Levantou sempre a voz em favor dos oprimidos e dos rebaixados.

Embora não concordasse com os governantes arbitrários, demonstrava respeito e admoestava-os para a ação do bem e dos direitos humanos desconhecidos.

Anunciou a felicidade mediante o trabalho e o culto da fraternidade, demonstrou que as diferenças das classes sociais são resultados das paixões perturbadoras e que o mais útil é sempre mais importante do que o ocioso dourado.

Recusou toda e qualquer homenagem que Lhe exaltasse o *ego*, transferiu as Suas obras grandiosas para Deus.

Fez-se servidor, viveu para auxiliar sem limites nem exceções.

As Suas palavras eram comuns, porém, faziam-se poderosas e de significado tão profundo que ninguém as pôde repetir conforme Ele as proferia.

Jesus é a mais elevada expressão de vida que a Humanidade conhece.

Foi, no entanto, em relação à mulher ultrajada ou que se permitiu perder a dignidade que a Sua ternura atingiu índice de docilidade inabitual entre as criaturas. A mulher era tão subalterna que não se deveria saudá-la em público, apresentar-se fora do lar sem um membro da família acompanhando-a.

Sem significado social e humano, era submetida à humilhação e à sujeição, às penalidades absurdas, sempre culpada pelos delitos aos quais fosse empurrada por criaturas inescrupulosas.

Na Samaria detestada pelos judeus, elegeu uma mulher enredada em conflitos e angústias, desrespeitada em seus sentimentos, sem a honra da maternidade para desvelar-se-lhe na condição do Messias!

Na praça pública impediu uma sofredora surpreendida em adultério, ameaçada por pecadores mais graves e os afastou com uma singela resposta à indagação sórdida que Lhe haviam feito: *Aquele que estiver sem culpa atire-lhe a primeira pedra.*

DELITO
Transgressão da moral ou de preceito preestabelecido; falta, infração.

INESCRUPULOSO
Desprovido de escrúpulos; que age de modo vil, desonesto.

DESVELAR
Fazer conhecer; revelar.

SÓRDIDO
(Por ext.) Que provoca asco; repugnante, nojento, asqueroso.

Na residência de Lázaro, em Betânia, convidou Marta a seguir o exemplo de Maria, que se detinha *na melhor parte*, que era ouvi-lO e viver-Lhe os ensinamentos.

Para escândalo de Simão e dos seus convidados, aceitou a demonstração pública do bálsamo perfumado que uma mulher Lhe ofereceu, e lavou os Seus pés, enxugando-os com os seus cabelos, sem receio dos comentários e críticas mordazes.

...E, por causa desses sentimentos inabituais, estava sempre cercado pelas mulheres que, sob o Seu tutorado, não temiam a nada ou a ninguém e O seguiam com fidelidade.

Foi o primeiro psicoterapeuta a atendê-las e a reabilitá-las.

Ele sabia que a mulher, pela sua constituição orgânica e hormônios, é a força na qual a Humanidade se apoia.

Sem demérito para os homens, a maternidade que a sublima é o ponto de partida para a exaltação da vida e a glória estelar no mundo.

Estimulando-a a libertar-se da escravidão, apontou-lhe o caminho austero e livre do amor e da abnegação, para erguer a Deus todas as criaturas.

Hoje, no entanto, com as exceções respeitáveis, ei-las, as mulheres escravas mais submissas das dissoluções, dos crimes de toda espécie, esquecidas dos santos compromissos maternais, da responsabilidade, competindo com alguns homens vis em semelhantes degradações...

Os degraus da ascensão que as elevaram, pareceram ruir, derrubando as imprevidentes, qual ocorreu com as noivas invigilantes da Sua parábola.

❖

MORDAZ
Que agride ou corrói; cáustico, corrosivo, sarcástico.

TUTORAR
(M.q.) Tutelar; agir na defesa de (alguém ou algo); amparar, proteger.

DEMÉRITO
(M.q.) Desmerecimento; ausência de méritos, de dotes ou qualidades apreciáveis.

AUSTERO
Que exige penosos esforços do indivíduo; árduo, duro.

DISSOLUÇÃO
Deterioração de costumes; devassidão, imoralidade.

VIL
Que inspira desprezo, não tem dignidade; abjeto, desprezível, indigno, infame.

RUIR
Desmoronar-se, despenhar-se, desabar.

IMPREVIDENTE
Que ou quem não é previdente; descuidado, imprudente.

Ele permanece, no entanto, o mesmo, auxiliando-as a todas que O busquem, que se encontrem mergulhadas na aflição, no desencanto e no arrependimento.

Quando a mulher se reerguer, disposta à conquista da plenitude, Jesus a estará aguardando, e sorrindo-lhe dirá: *Bem-aventurada servidora do Pai, fiel cocriadora com Ele.*

29

ENFERMIDADES SANEADORAS

Toda enfermidade que aflige o ser humano possui as suas nascentes no cerne do Espírito. Ainda imperfeito, necessita depurar-se, enfrentando a lapidação das suas arestas morais perniciosas.

Herança do passado evolutivo, quando os instintos básicos dominavam todas as suas ações, permanecem vigorosos e geram dificuldades nos momentos de decisões que devem ultrapassar as barreiras do *ego* em benefício da sociedade.

Não fosse a necessidade do crescimento interior, a fim de permitir-lhe o desabrochar dos valores de enobrecimento que jazem no seu íntimo, o sofrimento não existiria.

A sua finalidade precípua é proporcionar o respeito às Soberanas Leis da Vida e ampliar-lhe a capacidade intelectual e o desenvolvimento moral.

Ao invés, portanto, de ter apenas um caráter punitivo, possui o objetivo terapêutico libertador dos males que insistem em permanecer dominantes.

Toda deficiência moral produz no perispírito um sinal que o organismo decodificará no momento próprio, para dar lugar à enfermidade.

Nos fenômenos graves das expiações decorrentes dos delitos de alta significação, apresentam-se as manifestações

DEPURAR
Purificar, livrar (algo, alguém ou a si mesmo) [de mácula ou pecado]; purgar(-se).

ARESTAS
Detalhes, pequenos pontos de desacordo ou conflito.

PERNICIOSO
Que faz mal; nocivo, ruinoso.

PRECÍPUO
Mais importante; principal, essencial.

GAMA
(Fig.) Série ou sucessão de coisas concretas, passíveis de comparação e classificações no âmbito de sua categoria.

ENSEJAR
Dar ensejo a, apresentar a oportunidade para; ser a causa ou o motivo de; possibilitar, justificar.

BEM-FAZER
(M.q.) Benfazer; ato, hábito ou virtude de fazer o bem; benefício, caridade, favor.

ASSEPSIA
Conjunto de meios (esp. físicos) us. para impedir a entrada de germes patogênicos no organismo e prevenir infecções.

INTROSPECÇÃO
Reflexão que a pessoa faz sobre o que ocorre no seu íntimo, sobre suas experiências etc.

genéticas na imensa gama de deformidades que constituem o recurso depurativo necessário à libertação, à conquista da harmonia. Como não se pode fugir do cárcere imposto pela reencarnação, desde muito cedo o Espírito experiencia a evolução a que se negou, comprometendo-se com severidade.

Noutras vezes, as dificuldades de outro gênero – moral, social, econômica, emocional e psíquica – constituem elementos de redenção por aprimorarem os sentimentos e ensejarem a autoiluminação.

Há, no entanto, o recurso do bem-fazer ao alcance de todos, que propicia a sua reabilitação com perspectivas de crescimento espiritual.

Graças à Lei de Evolução, a Ciência Médica alcançou na atualidade elevado patamar, que proporciona com a sua tecnologia alterações profundas para melhorar a qualidade de vida dos pacientes.

Certamente, esses recursos estão distantes da grande maioria dos comprometidos espirituais. No entanto, quase todos desfrutam dos benefícios da assepsia, da anestesia, de cirurgias extraordinárias, que os auxiliam na recuperação ou na atenuação das doenças.

Indispensável, todavia, que se operem também transformações internas para que ocorra o resgate do erro, o conhecimento da verdade, a consideração pela existência e a jornada se torne menos áspera.

A ausência, porém, do conhecimento espiritual responde pelo prolongamento dos processos degenerativos, degradantes da matéria e principalmente aqueles que dizem respeito à emoção.

A preservação do equilíbrio mental em qualquer situação é responsável pela atividade reparadora, especialmente quando impulsiona o paciente para a introspecção, a autodescoberta e a identificação da imortalidade de que se constitui.

Não ocorrendo essa experiência valiosa, transfere-se de uma para outra problemática, mantendo-se o quadro enfermiço que aparece e retorna com frequência.

Seja qual for a problemática que te aflija ou te desconserte na área da saúde ou de tudo que possa constituir-te infortúnio, ao invés da entrega à ansiedade e ao desespero, rende-te à tranquilidade que irá favorecer o teu restabelecimento.

INFORTÚNIO
Acontecimento, fato infeliz que sucede a alguém.

As ondas mentais de aceitação e o contínuo direcionamento para o bem auxiliarão com vigor o processo de restauração da saúde e da manutenção da paz.

⚜

É fenômeno natural o desgaste orgânico, assim como as complexidades emocionais e psíquicas pertencem ao mesmo esquema de harmonia ou desajuste.

A inevitabilidade da morte ronda a existência e sempre aguarda que sejam propiciados os fatores de instalação das doenças.

Ninguém que atravesse a existência terrena em barcas de exceção.

BARCA
Nome genérico aplicado a enorme variedade de embarcações fluviais e marítimas.

Observa antigos atletas que apenas cuidaram do corpo, ora consumidos pelos excessos que os induziram a manter-se no clímax ilusório do altar da vaidade.

Alguns foram vitimados por tormentos emocionais que não souberam controlar, enquanto expressivo número de triunfadores de um dia recorreu a drogas perversas que o ludibriou e agora se encontra inutilizado.

LUDIBRIAR
Fazer acreditar em algo que não é verdadeiro; enganar; usar de dissimulação.

Cada fase da existência possui sinais de beleza, de resistência, de valores inapreciáveis que permitem um canto de gratidão a Deus.

A velhice, por mais postergada, é inevitável, e as características que a assinalam são irremovíveis.

Desse modo, acende a luz do amor no imo e deixa-te incendiar pela alegria de viver.

Estabelece o teu programa de educação íntima e preservarás o estado saudável em todos os períodos existenciais, mesmo naqueles em que sejas visitado por alguma ocorrência doentia.

Busca no trabalho de auxílio fraternal a sustentação da tua utilidade de viver, e faze a tua existência valiosa para todos aqueles que se te acerquem com necessidades.

Não te atormentes com as doenças nem com os desafios existenciais.

Constituem esses recursos bênçãos que Deus oferece àqueles que O buscam e necessitam de alcançar a plenitude.

DÍNAMO
(Fig.) Aquilo que impulsiona, que gera o progresso.

Quando, porém, as dificuldades se te fizerem mais severas, recorre à oração que te vinculará aos dínamos superiores da Vida, dos quais haurirás forças e resistência para superar a fase angustiante.

Quem ora fortalece-se na captação das vibrações harmoniosas espalhadas pelo Universo.

Doença é sinal de imperfeição em processo de aprimoramento.

RECALCITRAR
Demonstrar resistência para obedecer; não ceder; obstinar-se.

Não recalcitres, pois, contra a dor, nem ao natural fenômeno do desgaste orgânico.

❖

VENTURA
Boa sorte, fortuna favorável, dita; felicidade.

COEVO
(M.q.) Coetâneo; que ou o que é da mesma idade; que ou o que é da mesma época; contemporâneo.

Jesus, que é perfeito, jamais se apresentou, durante a Sua existência, assinalado por qualquer distúrbio.

Saudável e jovial, apresentou o Reino de Ventura num momento de aridez dos sentimentos e de desesperos morais, tornando-se modelo de coragem ante a dor e a incompreensão dos seus coevos, a fim de que, por tua vez, transformes qualquer doença em bênção reparadora.

30

PRESENÇA DE JESUS

Nas mais tormentosas situações em que te encontres durante o trânsito carnal, evita o pessimismo e a entrega como se não valesse a pena lutar.

O processo evolutivo, inevitavelmente, faz-se por meio de sucessos e erros que contribuem para a diretriz de segurança que deve nortear a existência planetária.

Desse modo, as dificuldades constituem programas para o aprimoramento moral, a lapidação da ganga que oculta o precioso diamante espiritual.

> GANGA
> Parte não aproveitável de uma jazida, filão ou veeiro.

Enfermidades de todo jaez, provações de variada denominação, abandono e solidão constituem disciplinas necessárias para a aprendizagem moral do ser.

A enfermidade é o imposto que a saúde exige, a fim de estar em equilíbrio.

Assim sendo, ninguém que se encontre em testemunho aflitivo que não receba a ajuda de Jesus, inspirando paciência e resignação.

> RESIGNAÇÃO
> Ato ou efeito de resignar(-se); aceitação sem revolta dos sofrimentos da existência.

O Espírito aprimora-se moral e intelectualmente durante as reencarnações. Numa, desenvolve os sentimentos anestesiados, amplia a capacidade emocional solidária.

Noutra, penetra no conhecimento para decifrar os enigmas, as incógnitas da jornada.

> INCÓGNITA
> (Por ext.) Aquilo que é desconhecido e que se procura saber; mistério.

FEIÇÃO
(Fig.) Proprieda-
de que determina
a natureza de
algo; qualidade.

ASSEDIAR
Perseguir com
propostas; sugerir
com insistência;
ser importuno
ao tentar obter
algo; molestar.

EQUACIONAR
Pôr em equação;
dispor (dados de
um problema,
uma questão) para
encaminhar, para
conduzir a solução.

AUTOCÍDIO
(M.q.) Suicídio.

ASSELVAJADO
Com aparência e/ou
modos selvagens;
rude, abrutalhado.

ESTOICISMO
(Por ext.) Resigna-
ção diante do sofri-
mento, da adversi-
dade, do infortúnio.

O materialismo, na sua feição derrotista e perturbadora, conspira contra a integração do sofrimento na pauta existencial e sugere o suicídio como solução para quaisquer problemas e situações desgastantes.

Fugir de algo não liberta o indivíduo daquilo que o assedia. Somente o enfrentamento pacífico é capaz de equacionar a aflição e dar-lhe rumo, mediante a apresentação dos recursos solucionadores.

Quando o indivíduo inadvertido opta pelo autocídio, demonstra a dimensão do seu orgulho ferido, a força das paixões asselvajadas que o dominam e transfere para outra oportunidade o teste que o promoverá à situação mais nobre.

Friedrich Nietzsche, atormentado e deprimido, resistiu à tentação do suicídio enquanto escrevia a sua obra-prima *Assim falou Zaratustra*.

Heinrich Heine, o inesquecível poeta alemão, compôs páginas de insuperável beleza, enquanto paralítico sofria dores insuportáveis.

A galeria dos que cantaram enquanto choravam é expressiva, legando à posteridade um patrimônio de arte, literatura, tecnologia e amor que engrandece o espírito humano.

Todos eles experimentaram momentos de fraqueza, mas sobrepuseram a coragem e o devotamento para prosseguirem com estoicismo.

Medem-se os valores morais da criatura humana pelas suas resistências espirituais e dimensões dos ideais que abraçam, em favor dos quais dedicam a vida.

Ninguém pode avaliar a angústia de Beethoven compondo, totalmente surdo, e enriquecendo a Humanidade com a *Nona sinfonia*, sem poder ouvir-lhe uma nota única.

Jesus, porém, estava com ele e jamais deixou de amparar os que sofriam.

Há uma aceitação religiosa em torno do sofrimento como de natureza punitiva, abandono dos Céus.

Fora assim e o incomparável Rabi teria experimentado o supremo abandono do Pai Misericordioso por ocasião da Sua crucificação.

⚜

Certamente, a dor é também recurso terapêutico de reparação espiritual e moral de delitos praticados.

Indispensável, apresenta-se na biografia de equivocados que escreveram histórias tristes e vergonhosas na sua trajetória pretérita.

Dramas trágicos, relacionamentos inditosos, condutas perversas, interesses sórdidos, ações degradantes que envergonham a sociedade ressurgem em paisagens sombrias de dor e desespero por impositivo da Lei de Evolução.

Mesmo aqueles que fugiram, ao atirar-se ao abismo do suicídio, retornam dilacerados, com o corpo deformando, a mente em desalinho, a emoção em destrambelho, como efeito da ação nefária praticada.

NEFÁRIO
(M.q.) Nefando.

Mas não se encontram ao abandono, estão sempre assessorados por abnegados mentores e guias espirituais, encarregados de reeducá-los e de auxiliá-los no soerguimento.

Nos casos lamentáveis das obsessões, em que as vítimas revoltadas investem em cobranças lamentosas, ninguém se encontra à revelia, sem o apoio de Jesus como Pacificador, numa atitude de compaixão, de misericórdia, mas também de justiça em reequilíbrio da ordem e das leis que foram ultrajadas.

À REVELIA
(Loc.) Ao acaso; à toa, sem cuidado.

Reserva-te, nas aflições, momentos para reflexão, para o convívio com Jesus.

DIVALDO FRANCO • JOANNA DE ÂNGELIS

Ora e mantém o pensamento nas áreas sublimes da Espiritualidade, a fim de que possas sentir-Lhe a presença, a inspiração.

Jesus está sempre ao teu lado, mesmo quando não solicitado.

ARAGEM
(Fig.) Momento favorável; oportunidade.

Procura identificá-lO como aragem de paz e de reconforto moral durante a refrega.

É possível que te não retire o sofrimento de que necessitas para seres feliz, no entanto, com certeza propiciará um clima psíquico de harmonia e de ventura.

REFREGA
Trabalho árduo; lida.

Nada te afaste da presença de Jesus.

As horas de júbilo, converte-as em bálsamo para outros que O desconhecem ou não O conseguem conectar.

Mantém o teu pensamento nas Suas lições e tudo se te transformará para melhor.

❧

CONVULSÃO
Grande agitação, alvoroço; cataclismo, revolução.

Sim, são estes dias de convulsão, que foi gerada anteriormente.

Sorri com ternura para os que anelam por uma expressão gentil.

Faze algo especial, original em homenagem a Jesus.

Hoje é o teu dia de identificá-lO contigo e esta é a hora de entregar-te por definitivo ao Seu amor.

Não postergues o momento libertador.

INSPIRAÇÃO PARA CAPA DESTE LIVRO

No texto apresentado abaixo, de autoria do designer gráfico Cláudio Urpia, há uma singela descrição da forma pela qual a sua emotividade e imaginação foram mobilizadas enquanto desenvolvia o projeto gráfico que viria ser a belíssima capa deste livro. Com palavras simples e comovidas, Cláudio Urpia escreve linhas que revelam o alcance da sua arte, da sua subjetividade, deixando-nos à mostra como ela está embevecida da aura benfazeja que envolve a trajetória de luz da autora espiritual e do médium deste livro – Joanna de Ângelis e Divaldo Franco. Leiamos o texto na íntegra e debrucemo-nos sobre a sua emoção.

Esta capa tem muitos significados para mim, não sei se profundos ou coerentes, mas são muitos. A janela é a original do quarto onde Clara de Assis viveu e faleceu. Além da janela, estão o vale da Úmbria ao amanhecer e as suas construções milenares... Ao lado esquerdo do rosto, a Catedral de San Gimignano e, ao lado direito, a Catedral de Santa Clara. Quando estive em Assis, foi neste quarto, mais especificamente nesta janela, que muita coisa passou a fazer sentido para mim, principalmente a vida escolhida por Divaldo, tio Nilson e tantos outros da Mansão do Caminho.

Uma das perguntas que fiz a mim mesmo foi: quanto tempo eu conseguiria viver ali? Vivendo com quase nada, sem contato com o mundo, sem nenhum prazer comum, sem absolutamente nenhum excesso... Imaginei quantas orações e reflexões aquela janela testemunhou. Quantos olhares para o céu Clara deve ter dado por aquela janela? Quantos livros e cartas deve ter escrito sob a luz e brisa daquela janela? E quantos sorrisos de êxtase, quando em contato com o Cristo através das suas meditações?

Foi deste quarto que nasceu o testemunho e exemplo que norteiam e nortearão as minhas, as suas e muitas outras vidas vinculadas ao Espiritismo e à Mansão do Caminho.

A meu ver, se existe um lugar onde a verdadeira felicidade existiu, foi naquele quarto. A felicidade citada pelo Cristo, que não é deste mundo, creio que neste quarto foi amplamente experimentada.

Por esse vínculo profundo, idealizei o quarto sendo inundado pelo Sol de Assis, as cores das paredes – marrons – são uma analogia com as roupas de Francisco, e nós, representados pela moça jovem, de branco para simbolizar a pureza das atitudes e de braços abertos em alusão à cruz que "cada um de nós tem que carregar".

Espero que gostem.

Cláudio Urpia

ANOTAÇÕES

Anotações

Anotações